다시오실 그리스도

6

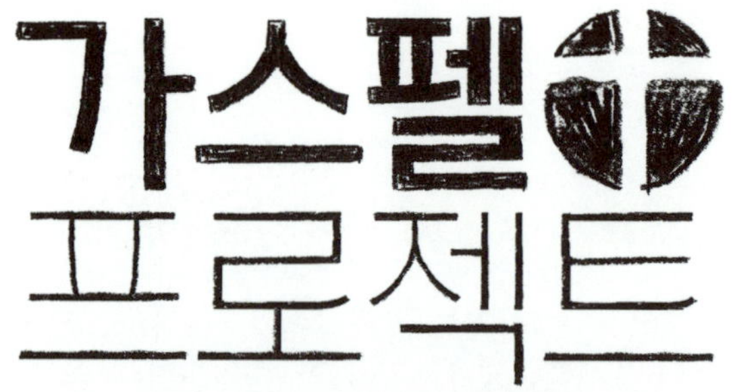

The Gospel Project for Kids

is published quarterly by LifeWay Christian Resources,
One LifeWay Plaza, Nashville, TN 37234, Thom S. Rainer, President
© 2018 LifeWay Christian Resources
Translated and used by permission of LifeWay Christian Resources

This Korean translation edition © 2019 by Duranno Ministry,
38, Seobinggo-ro 65-gil, Yongsan-gu, Seoul, Republic of Korea
Published by arrangement with LifeWay Christian Resources

가스펠 프로젝트

신약 6

다시 오실 그리스도

저학년 교사용

지은이 · LifeWay Kids
옮긴이 · 권혜신
감수 · 김병훈, 류호성, 김정효
초판 발행 · 2019. 7. 9
2판 1쇄 발행 · 2025. 9. 19
등록번호 · 제1988-000080호
등록된 곳 · 서울특별시 용산구 서빙고로65길 38
발행처 · 사단법인 두란노서원
영업부 · 02) 2078-3352, 3452, 3752, 3781 FAX 080-749-3705
편집부 · 02) 2078-3437
활동연구 · 김찬숙, 유은정, 임요한, 최은정, 한승우, 홍선아

책값은 뒤표지에 있습니다.
ISBN 978-89-531-4558-0 04230 / 978-89-531-4546-7 (세트)

홈페이지 · gospelproject.co.kr / 두란노몰 · mall.duranno.com

두란노서원은 바울 사도가 3차 전도 여행 때 에베소에서 성령 받은 제자들을 따로 세워 하나님의 말씀으로 양육하던 장소입니다.
사도행전 19장 8-20절의 정신에 따라 첫째 목회자를 돕는 사역과 평신도를 훈련시키는 사역,
둘째 세계선교™와 문서선교단행본·잡지 사역, 셋째 예수문화 및 경배와 찬양 사역, 그리고 가정·상담 사역 등을 감당하고 있습니다.
1980년 12월 22일에 창립된 두란노서원은 주님 오실 때까지 이 사역들을 계속할 것입니다.

차례

① 단원 개요 · 각 과의 목표

● '가스펠 프로젝트'(하나님의 구원 계획)의 연대기적 큰 흐름 속에서 각 단원과 각 과의 주제를 살펴봅니다.

카운트다운 단원별로 제공되는 3분 카운트다운 영상(지도자용 팩)으로, 장소를 옮기거나 시간을 구분 짓는 방법으로 활용할 수 있습니다.

무대 배경 단원별 설교의 도입(들어가기)에서 공통적으로 활용할 수 있는 무대 데코 아이디어로, 배경 이미지(지도자용 팩)를 화면에 띄워 사용할 수 있습니다.

단원 암송 단원의 핵심 메시지가 담긴 성경 구절입니다.

성경의 초점 본문과 관련된 성경의 중심 주제(핵심 교리)를 문답 형식으로 정리한 문장입니다. 단원별 성경의 초점을 익히며 성경의 흐름을 이해하게 합니다.

주제 각 과의 핵심 줄거리를 파악할 수 있습니다.

가스펠 링크 성경 이야기에 담긴 복음을 발견하게 합니다. 모든 성경 이야기는 그리스도와 연결됩니다.

본문 속으로 각 과를 준비하며 묵상할 내용과 티칭 포인트를 제시합니다. 청장년용 《가스펠 프로젝트》로 교사 소그룹 모임에서 더 깊은 묵상을 나누며 성경 읽기를 병행할 것을 권유합니다. 부모 소그룹 모임은 교회와 가정을 연계해 교육 효과를 더욱 높여 줄 것입니다.

교사 지도 가이드 영상 교사들이 각 과의 내용과 아이들에게 전달해야 할 핵심을 쉽게 파악할 수 있도록 짧은 예시와 함께 개요를 소개하고 교사를 독려합니다. 홈페이지(gospelproject.co.kr)에서 무료로 활용할 수 있습니다.

말씀 묵상 ②

● 말씀을 묵상하며 어떻게 가르칠 것인가를 기도로 준비합니다.

이야기 성경 '가스펠 설교'에서 사용하는 구어체 설교입니다. 같은 내용의 영상이 지도자용 팩에 있습니다.

교사를 위한 기록장 말씀을 가르치기 전 교사가 발견한 메시지를 기록하며 말씀을 내면화하도록 돕습니다.

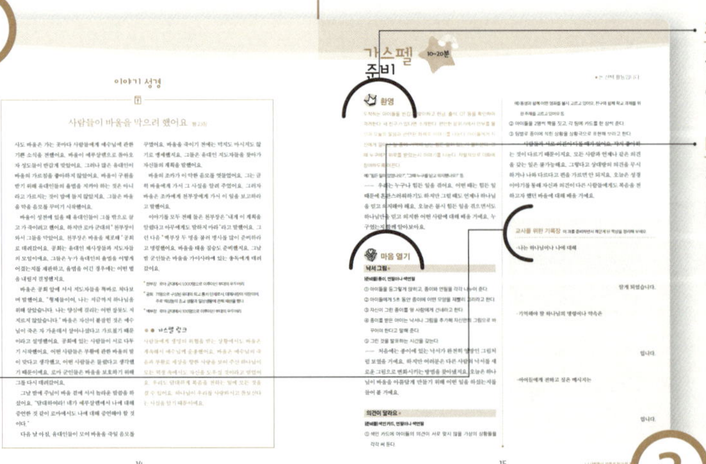

환영 아이들을 맞이하며 나눌 수 있는 대화의 소재를 제안합니다.

마음 열기 이 과의 주제와 연결된 간단한 활동을 소개합니다.

③ 가스펠 준비

● 사전 활동을 살펴봅니다.

④ 가스펠 설교

● **도입 - 전개 - 가스펠 링크 - 복음 초청 - 적용**에 이르는 설교 가이드입니다.

들어가기 도입 아이디어를 소개합니다.

연대표 '가스펠 프로젝트'(하나님의 구원 계획)의 큰 흐름 속에서 각 과의 위치를 파악해 봅니다.

복음 초청 복음을 전하고 영접 기도로 이끌 수 있는 초청 대화를 담았습니다. 지도자용 팩과 가스펠 프로젝트 홈페이지에 있는 영상을 활용할 수 있습니다.

적용 에피소드를 담은 영상과 질문이 담겨 있습니다. 설교 도입이나 적용 부분에서 활용하거나 영상을 본 뒤 소그룹에서 풍성한 대화를 이어 가는 방법도 추천합니다.

찬양 단원 주제를 담은 찬양, 악보, 율동을 지도자용 팩과 가스펠 프로젝트 홈페이지에서 만날 수 있습니다.

가스펠 소그룹 ⑤

● 예배 후 소그룹 모임에서 배운 내용을 되새길 수 있는 다양한 활동을 소개합니다.

보물 상자 성경의 메시지와 내 삶을 연결해 보고, 하나님과 일대일 대화를 나누듯 마음을 고백하는 마무리 활동입니다.

나침반 재미있는 활동으로 단원 암송을 익히게 합니다. 부록의 단원 암송 자료와 지도자용 팩의 파일을 활용할 수 있습니다.

보물 지도 퀴즈와 게임을 통해 성경 이야기를 복습하는 활동입니다.

탐험하기 성경 이야기의 의미를 묵상하며 주제, 가스펠 링크, 성경의 초점 등을 되새기는 확장 활동입니다.

메시지 카드 각 과의 핵심 내용과 가족과 함께하는 활동을 담았습니다.

*지도자용 팩의 PC 전용 DVD-Rom에 영상, 그림, 음원, 악보, PPT 등의 자료가 있습니다.

● 교과서에 자주 등장하는 국가와 도시명은 교과서 표기법으로, 그 외의 명칭은 개역개정의 표기를 따랐습니다.

발간사

　　두란노서원을 통해 라이프웨이(LifeWay)의 《가스펠 프로젝트》 성경 공부 교재 시리즈를 발간할 수 있도록 인도하신 하나님께 감사드립니다. 험한 소리로 가득한 세상에 이 책을 디딤돌처럼 놓습니다. 우리 삶은 말씀을 만난 소리로 풍성해져야 합니다. 주님을 만난 기쁨의 소리, 진실 앞에서 탄식하는 소리, 죄를 씻는 울음소리, 소망을 품은 기도 소리로 가득해야 합니다.

　　《가스펠 프로젝트》는 신구약을 관통하는 예수 그리스도의 복음을 발견하고, 그 가르침을 삶에 적용하는 지혜를 얻도록 기획한 성경 공부 교재입니다. 어린아이부터 어른에 이르기까지 생애 주기에 따른 복음 메시지를 잘 배울 수 있습니다. 또한, 거짓 진리가 미혹하는 이 시대에 건강한 신학과 바른 교리로 말씀을 조명하여 성도의 신앙이 좌로나 우로나 치우치지 않도록 돕습니다.

　　두란노서원은 지금까지 "오직 성경, 복음 중심, 초교파적 관점"을 바탕으로 한국 교회와 성도를 꾸준히 섬겨 왔습니다. 오직 성경의 정신에 입각해 책과 잡지를 출판해 왔으며, 성경에 근거한 복음 중심의 신학을 포기한 적이 없습니다. 그리고 교단과 교파를 초월하여 교회와 성도가 하나님 나라를 바라볼 수 있도록 돕기 위해 노력해 왔습니다. 《가스펠 프로젝트》는 두란노가 지켜 온 세 가지 가치를 충실하게 담은 책입니다.

　　성경은 구원을 위한 책이며, 구원사의 주인공은 예수 그리스도입니다. 창세기부터 요한계시록까지 오직 예수 그리스도의 복음만을 전하는 《가스펠 프로젝트》 성경 공부 교재를 통해 복음의 은혜와 진리를 깊이 경험하고, 복음 중심의 삶이 마음 판에 새겨지기를 바랍니다. 그리고 예수 그리스도 복음에 굳게 선 한 사람의 영향력이 가정과 교회와 사회에 흘러감으로써 거룩한 하나님 나라가 확산되어 가기를 소망합니다.

　　두란노서원 원장 이 형 기

감수사

✚　　《가스펠 프로젝트》는 무엇보다도 전통적으로 교회가 풀어 온 흐름을 충실히 따라 성경을 해설하고 있습니다. 그리고 그 방향은 궁극적으로 예수 그리스도를 향해 나아가고 있습니다. 이것은 예수님이 구약과 신약의 모든 성경이 자신을 가리키고 있다고 하신 말씀에 비추어 매우 타당한 것입니다. 게다가 그리스도 중심적 해설을 무리하게 전개하지 않습니다. 각 본문에서 하나님의 구원 언약과 그것을 실현하시는 하나님을 드러내면서, 그리스도의 예표적 설명이 가능한 사건을 놓치지 않고 풀어내고 있습니다.

성경 공부 교재는 명시적으로 혹은 암시적으로 제시하는 교리적 진술이 교리 체계상 건전해야 합니다. 《가스펠 프로젝트》는 99개 조에 이르는 핵심 교리들을 일목요연하게 제시하여 교리의 건전성을 확인할 수 있도록 도움을 줍니다. 《가스펠 프로젝트》의 교리는 교파를 막론하고, 예수 그리스도의 복음에 충실한 복음주의 교회들에게 환영받을 만합니다. 물론 교파마다 약간의 이견을 갖는 부분들이 있을 수 있겠지만, 각 교회에서 교재를 활용하는 데에 무리가 없을 것입니다. 《가스펠 프로젝트》의 특징은 각 과에서 학습한 내용을 핵심 교리와 연결해 주며, 그 결과 그리스도의 복음에 관련한 교리적 이해를 강화시킨다는 데에 있습니다.

끝으로 《가스펠 프로젝트》는 어떤 성경 주해서나 교리 학습서가 갖지 못하는 훌륭한 장점을 가지고 있습니다. 그것은 학습자를 하나님과 그리스도의 복음 앞으로 이끌며, 자신의 신앙과 삶을 돌아보도록 하는 적용의 적실성과 훈련의 효과입니다. 아울러 본문과 관련한 교회사적으로 또 주석적으로 중요한 신학자와 목사의 어록을 제시하고, 심화 토론을 위한 질문을 달아 주고, 선교적 안목을 열어 주는 적용 질문들을 더해 준 것은 《가스펠 프로젝트》에서 얻을 수 있는 커다란 유익입니다.

추천할 만한 마땅한 성경 공부 교재를 찾기가 쉽지 않은 현실에서 《가스펠 프로젝트》는 성경을 개괄적으로 매주 한 과씩 3년의 기간 동안 일목요연하게, 그리고 그리스도 중심적으로 공부하도록 이끌어 준다는 점에서, 한국 교회의 기초를 성경 위에 놓는 일에 커다란 공헌을 할 것으로 믿어 의심치 않습니다.

김병훈 _ 합동신학대학원대학교 조직신학 교수

✚　　하나님의 말씀이 임하는 곳에는 회복의 역사가 있어서 죽은 뼈들도 힘줄이 생기고 살이 오릅니다(겔 37:8). 왜냐하면 하나님의 말씀은 그 자체에 능력이 있기 때문입니다(눅 1:37). 그분의 말씀은 살아 있고 활력이 있기에 예리하게 혼과 영과 및 관절과 골수를 찔러 쪼개기까지 하며 또 마음의 생각과 뜻을 판단할 것입니다(히 4:12). 하나님의 말씀이 왕성하게 흘러넘쳐 온 세상과 우주를 적실 때에 정의와 사랑(렘 9:24) 그리고 제자의 수가 많아지는 놀라운 부흥을(행 6:7) 경험할 것이고, 악한 세력이 모두 물러가며 새 하늘과 새 땅이 다가올 것입니다.

이를 위해 작은 등불의 역할을 할 《가스펠 프로젝트》는 다음과 같은 특징이 있습니다. 첫째는 성경 전체를 '그리스도 중심'으로 바라본 것입니다. 오실 그리스도(구약)와 오신 그리스도 그리고 앞으로 다시 오실 그리스도(신약)의 관점에서 구약성경과 신약성경을 서로 연결시켜서, 그 속에 담긴 놀라운 하나님의 구원 역사를 보게 합니다. 둘째는 같은 본문으로 교회와 가정 그리고 전 연령층에서 그리스도의 사랑을 배우게 합니다. 이는 특히 가정에서 소통할 기회를 제공하고 사랑과 정의를 실천하는 성숙한 그리스도인으로 성장하도록 이끌어 줍니다. 셋째는 신학적 주제와 기초 교리를 이해하기 쉽게 설명하며 영적 분별력을 향상시키는 데 도움을 줍니다. 넷째는 배운 것을 복음의 씨앗을 뿌리는 선교와 연결시키며 하나님이 주신 사명을 실천하도록 이끄는 것입니다. 이는 복음의 열정을 회복시켜 줍니다.

이러한 특징이 있는 《가스펠 프로젝트》는 모든 교단과 교파를 초월해서, 하나님의 섬세한 구원의 손길과 그리스도의 숭고한 십자가의 사랑 그리고 거룩함으로 인도하는 성령님의 이끄심을 배울 수 있는 아주 좋은 성경 공부 교재입니다. 우리는 이를 통해 하나님의 말씀이 이 땅에 흘러넘치며, 복음의 열정을 품고 전 세계로 향하는 많은 전도자들을 세워 갈 수 있을 것입니다

류호성 _ 서울장신대학교 신약학 교수

일반적으로 교육 프로그램의 적절성은 철학적, 사회학적, 심리학적 측면에서 평가됩니다. 이 기준을 주일 학교에 적용해 본다면 신학적으로 맞는지, 교회(사회)의 필요를 잘 충족하는지 그리고 활동에는 학습자의 발달적 특성이 잘 고려되었는지를 살피며 평가가 이루어져야 할 것입니다. 이러한 측면에서 볼 때, 《가스펠 프로젝트》 저·고학년 신약 시리즈는 다음과 같은 특징이 있습니다.

첫째, 신학적인 측면에서 신약 학습을 성자 하나님이신 예수님께 초점을 맞추고 있다는 점 그리고 예수님이 구약 인물의 계보를 따라 오신 역사적 인물이며 약속된 메시아이심을 강조한다는 점 등이 적절하다고 볼 수 있습니다.

둘째, 교회(사회)의 필요 충족이라는 측면에서 볼 때도, 주일 학교를 담당하는 교육자들의 필요를 꼼꼼히 매우 잘 반영하고 있습니다. 어쩌면 《가스펠 프로젝트》는 처음 개발할 때부터 학생보다는 교육자의 필요를 먼저 살핀 교사 친화적 교재라고 할 수 있습니다. 대부분의 세속 학교 프로그램은 학생 교재가 먼저 제작되고 교재를 어떻게 사용해야 하는지에 대한 설명을 하는 용도로 교사용 지도서가 만들어집니다. 그러나 《가스펠 프로젝트》를 살펴보면 교회 교육자의 입장에서 설교, 소그룹 활동, 복음에의 초청, 가정과의 연계 활동 등 일련의 활동을 먼저 계획하고 이를 실행할 때 필요한 학생용 교재를 부차적으로 구성했다는 인상이 들 정도로 이를 선택한 교육자들의 필요를 두루 살피며 안정적으로 지원하고 있습니다.

셋째, 교육 심리학적인 측면에서 《가스펠 프로젝트》는 초등학교 아동이 가지는 발달 연령기의 특성을 잘 반영하고 있습니다. 이 시기 아동에게는 오감을 사용하는 구체적인 활동이 매우 중요한데 《가스펠 프로젝트》는 매우 입체적으로 인지적, 감성적, 행동적인 측면을 총동원할 수 있도록 구성되어 있습니다. 특히 성경의 내용을 지식적으로 이해하는 데에서 머무르지 않고, 아동들의 생활 반경의 경험과 연결하여 의미를 이해하도록 하고, 마지막에는 가정과의 연계 활동을 제안하여 학습의 구체화와 지속성을 더하고 있다는 점이 특징입니다.

마지막으로 《가스펠 프로젝트》의 도움으로 교회에서 다음 세대에게 말씀을 전하는 교육자들의 수고가 더욱 많은 열매를 맺을 수 있기를 기대합니다.

김정효 _ 이화여자대학교 초등교육과 교수

추천사

✠　　우리를 향한 하나님의 멈추지 않는 사랑, 아들을 내어 주신 아버지 하나님의 놀라운 구원 계획에 눈뜨게 하는 교재입니다. 성경을 꿰뚫는 변함없는 메시지, 예수 그리스도를 만날 수 있는 교재입니다. 유익한 활동과 흥미로운 반복 학습을 통해 기독교 핵심 주제를 접하고, 말씀을 가까이하며, 가족과 묵상을 나누도록 이끄는 방식에 기대가 큽니다. 다양한 소재의 영상과 그림 자료는 시청각 자료가 부족한 교육 현장에 큰 활력을 불어넣어 줄 것입니다. 무미건조한 습관적 예배, 아이들과 소통하지 못해 안타까워했던 부모와 교사, 다음 세대를 걱정하는 교회 지도자들에게 이 교재를 추천합니다.

김요셉 _ 중앙기독학교 교목, 원천침례교회 목사

✠　　《가스펠 프로젝트》는 하나님의 말씀으로 우리를 초청해 예수 그리스도를 만나게 하고 사랑하게 만드는 교재입니다. 자녀들이 교회 학교에서, 부모들이 소그룹에서 말씀을 공부한 후 저녁 식탁에 둘러 앉아 예수님에 대해 함께 나눈다는 것은, 상상만 해도 너무나 멋지고 복된 일입니다.

김지철 _ 전 소망교회 담임 목사

✠　　우리 시대의 전 세계적 교회 부흥은 두 가지 샘을 갖고 있습니다. 한 샘은 오순절 부흥 운동의 샘입니다. 이 샘으로 많은 시대의 목마른 영혼들이 목마름을 해갈했습니다. 또 하나의 샘은 성경 연구의 샘입니다. 《가스펠 프로젝트》는 쉬우면서도 결코 피상적이지 않습니다. 믿음의 단계를 따라 하나님의 자녀들에게 꼭 필요한 복음의 진수를 맛보게 해 줄 것입니다. 이 교재로 이 땅에 새로운 영적 르네상스가 일어나기를 기대합니다.

이동원 _ 지구촌교회 원로 목사

✠　　성경을 공부한다는 것은 성경에 기록된 사실을 배우는 것이 아니라 성경이 가르치는 교리를 배우는 것입니다. 왜냐하면 성경은 독자에게 어떤 새로운 정보를 주기 위해 인간이 쓴 책이 아니라 죄인인 인간에게 구원을 주기 위해 하나님이 쓰신 말씀이기 때문입니다. 이번에 출간된 《가스펠 프로젝트》는 이와 같은 역할을 탁월하게 수행하고 있기 때문에 기쁜 마음으로 추천합니다.

이성호 _ 고려신학대학원 역사신학 교수

✠　　《가스펠 프로젝트》는 성경이 어떻게 그리스도와 연결되어 있는지, 또 성도의 삶이 하나님의 구원 계획에 어떻게 연결되어야 하는지를 구체적으로 제시합니다. 또한 전 세대를 연결하고, 가정과 교회를 하나 되게 합니다. 신앙의 전수가 중요한 시대에 성도와 교회와 가정이 한마음으로 다음 세대를 준비시키기에 적합합니다.

이재훈 _ 온누리교회 담임 목사

✠　　《가스펠 프로젝트》는 이 시대를 살아가는 모든 그리스도인에게 꼭 필요한 성경의 핵심 내용을 쉽고 흥미롭게 펼쳐 내면서 성경을 알아 가는 기쁨을 주고 구체적인 적용을 돕는 교재입니다. 가장 뛰어난 점은, 성경의 중심이 되시는 예수님을 충실하게 드러낸다는 점입니다. 《가스펠 프로젝트》를 성실하게 따라가면 예수님을 통해 완성하시는 하나님의 구원 역사 프로젝트가 드러날 것입니다. 이 시리즈를 통해 체계적인 '가정 제자 훈련'과 '성경 공부'를 정착시키는 가운데 한국 교회와 이민 교회에 거룩한 부흥의 불길이 일어나길 기대합니다.

류응렬 _ 와싱톤중앙장로교회 담임 목사, 고든콘웰신학대학원 객원 교수

1단원 하나님의 계획

예수님을 전하던 사도 바울은 체포되어 죄수의 신분으로 로마로 호송되었습니다. 배가 난파되는 역경 속에서도 바울은 자신과 함께한 사람들에게 예수님의 소중함을 알리는 일을 멈추지 않았습니다.

사람들이 바울을
막으려 했어요

바울이
통치자들 앞에 섰어요

바울이 로마에
가게 되었어요

바울이 감옥에서도
하나님을 찬양했어요

바울이 예수님에 관해
일깨워 주었어요

The Gospel Project

카운트다운 – 배 위에서

카운트다운 영상(지도자용 팩)을 틀고 예배 준비 자세를 취하도록 격려한다. 예배가 시작되는 시간에 영상이 끝나도록 맞추어 놓는다. 영상이 끝나기 30초 전에 예배 인도자는 정해진 위치에 서서 조용히 기도하는 모범을 보인다.

무대 배경 – 구해 줘

사람이 살지 않는 열대 섬처럼 꾸민다. 스티로폼 보드와 초록색 종이로 야자나무를 만들고, 코코아 껍질과 밧줄을 예배실 곳곳에 흩어둔다. 화면에 '구해 줘' 배경 이미지(지도자용 팩)를 띄운다.

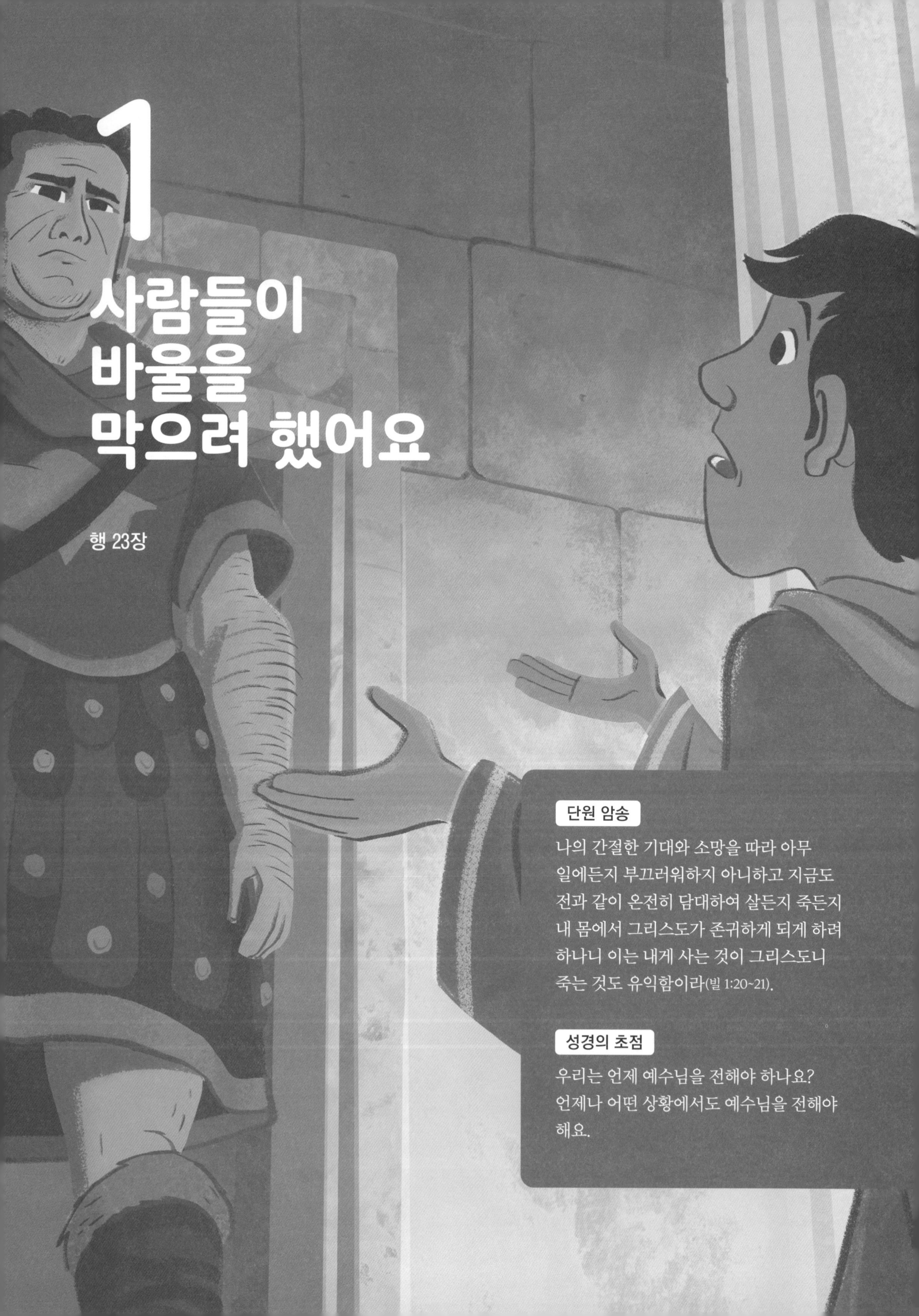

1 사람들이 바울을 막으려 했어요

행 23장

단원 암송

나의 간절한 기대와 소망을 따라 아무 일에든지 부끄러워하지 아니하고 지금도 전과 같이 온전히 담대하여 살든지 죽든지 내 몸에서 그리스도가 존귀하게 되게 하려 하나니 이는 내게 사는 것이 그리스도니 죽는 것도 유익함이라(빌 1:20~21).

성경의 초점

우리는 언제 예수님을 전해야 하나요?
언제나 어떤 상황에서도 예수님을 전해야 해요.

바울의 3차 전도 여행이 끝날 무렵, 아가보라는 선지자가 유대인들이 예루살렘에서 바울을 잡아 이방인에게 넘겨줄 것이라고 예언했습니다 (행 21:10~11 참조).

그러나 바울은 주저하지 않았습니다. 그는 예루살렘으로 돌아갔고, 자신들의 율법과 반대되는 것을 가르친다는 이유로 그를 죽이려 하는 유대인 무리에게 붙잡혔습니다.

근처에 있던 로마 군인들이 소란을 발견하고는 바울을 데려가 그들의 영내에 있는 감옥에 가두었습니다. 이제 바울은 이방인들의 손에 넘어갔습니다. 바울이 로마 군인의 보호를 받으며 막사에 머무는 동안 주님이 말씀하셨습니다. "담대하라 네가 예루살렘에서 나의 일을 증언한 것 같이 로마에서도 증언하여야 하리라"(행 23:11).

이 말씀이 얼마나 큰 위로가 되었을까요! 만군의 주님이 "너는 로마에 갈 것이다"라고 바울의 앞날을 말씀해 주신 것입니다. 바울은 자기가 어떤 방법으로 로마에 가게 될지 정확히 알지 못했지만, 하나님이 모든 것이 합력하여 반드시 그 목적을 이루게 하실 것이라고 믿었습니다.

다음 날 아침 바울의 조카가 바울을 죽이려는 유대인들의 음모를 알아채고 로마 군대의 천부장에게 그 사실을 알렸습니다. 천부장은 바울의 안전을 보장하기 위해 그를 가이사랴에 데려가도록 조치를 취했습니다.

이 이야기에서 하나님이 사람을 통해 하나님의 목적을 이루시는 것을 봅니다. 생명의 위협을 받는 상황에서도 바울은 하나님의 신실하심을 믿었습니다. 그는 예수님을 이 땅에 보내 십자가에서 죽고 다시 살아나게 하심으로 세상을 향한 자신의 사랑을 보여 주신 하나님이 모든 역경 속에서 자신을 도우실 것이라고 믿었습니다.

◐ ● 티칭 포인트

우리도 담대하게 복음을 전하는 일에 모든 것을 걸 수 있습니다. 하나님이 우리를 사랑하시고 돌보신다는 사실을 알기 때문입니다. 하나님은 우리가 순종과 신뢰함으로 하나님의 계획에 동참하기를 바라십니다. 우리를 통해 하나님의 영광을 드러냄으로써 하나님의 이름을 영화롭게 하려는 하나님의 위대한 계획에 말입니다.

주 제

사람들이 바울을 막으려 했지만 하나님은 바울이 예수님을 계속 전할 수 있도록 지켜 주셨어요.

가스펠 링크

바울은 예수님의 죽음과 부활로 세상을 향한 사랑을 보여 주신 하나님이 모든 역경 속에서도 자신을 도우실 것이라고 믿었어요.

사람들이 바울을 막으려 했어요 행 23장

사도 바울은 가는 곳마다 사람들에게 예수님에 관한 기쁜 소식을 전했어요. 바울이 예루살렘으로 돌아오자 성도들이 반갑게 맞았어요. 그러나 많은 유대인이 바울의 가르침을 좋아하지 않았어요. 바울이 구원을 받기 위해 유대인들의 율법을 지켜야 하는 것은 아니라고 가르치는 것이 맘에 들지 않았지요. 그들은 바울을 막을 음모를 꾸미기 시작했어요.

바울이 성전에 있을 때 유대인들이 그를 밖으로 끌고 가 죽이려고 했어요. 하지만 로마 군대의 *천부장이 와서 그들을 막았어요. 천부장은 바울을 체포해 *공회로 데려갔어요. 공회는 유대인 제사장들과 지도자들의 모임이에요. 그들은 누가 유대인의 율법을 어떻게 어겼는지를 재판하고, 율법을 어긴 경우에는 어떤 벌을 내릴지 결정했지요.

바울은 공회 앞에 서서 지도자들을 똑바로 쳐다보며 말했어요. "형제들이여, 나는 지금까지 하나님을 위해 살았습니다. 나는 양심에 걸리는 어떤 잘못도 저지르지 않았습니다." 바울은 자신이 붙잡힌 것은 예수님이 죽은 자 가운데서 살아나셨다고 가르쳤기 때문이라고 설명했어요. 공회에 있는 사람들이 서로 다투기 시작했어요. 어떤 사람들은 부활에 관한 바울의 말이 맞다고 생각했고, 어떤 사람들은 틀렸다고 생각했기 때문이에요. 로마 군인들은 바울을 보호하기 위해 그를 다시 데려갔어요.

그날 밤에 주님이 바울 곁에 서서 놀라운 말씀을 하셨어요. "담대하여라! 네가 예루살렘에서 나에 대해 증언한 것 같이 로마에서도 나에 대해 증언해야 할 것이다."

다음 날 아침, 유대인들이 모여 바울을 죽일 음모를 꾸몄어요. 바울을 죽이기 전에는 먹지도 마시지도 않기로 맹세했지요. 그들은 유대인 지도자들을 찾아가 자신들의 계획을 말했어요.

바울의 조카가 이 악한 음모를 엿들었어요. 그는 급히 바울에게 가서 그 사실을 알려 주었어요. 그러자 바울은 조카에게 천부장에게 가서 이 일을 보고하라고 말했어요.

이야기를 모두 전해 들은 천부장은 "내게 이 계획을 알렸다고 아무에게도 말하지 마라"라고 말했어요. 그런 다음 *백부장 두 명을 불러 병사를 많이 준비하라고 명령했어요. 바울을 태울 짐승도 준비했지요. 그날 밤 군인들은 바울을 가이사랴에 있는 총독에게 데려갔어요.

*천부장 : 로마 군대에서 1,000명으로 이루어진 부대의 우두머리

*공회 : 기명으로 구성된 유대의 최고 통치 단체로서, 대제사장이 의장이며, 주로 백성들의 종교 생활과 일상생활에 관해 재판을 했다.

*백부장 : 로마 군대에서 100명으로 이루어진 부대의 우두머리

● ● 가스펠 링크

사람들에게 생명의 위협을 받는 상황에서도 바울은 계속해서 예수님께 순종했어요. 바울은 예수님의 죽음과 부활로 세상을 향한 사랑을 보여 주신 하나님이 모든 역경 속에서도 자신을 도우실 것이라고 믿었어요. 우리도 담대하게 복음을 전하는 일에 모든 것을 걸 수 있어요. 하나님이 우리를 사랑하시고 돌보신다는 사실을 알기 때문이에요.

가스펠 준비

*는 선택 활동입니다.

환영

도착하는 아이들을 반갑게 맞이하고 헌금, 출석, QT 등을 확인하며 격려한다. 새 친구가 있다면 소개한다. 편안한 분위기에서 안부를 물으며 오늘의 말씀과 관련된 화제로 이야기를 나눈다. 아이들에게 자신에게 일어난 일 중에 기억에 남는 힘든 일이 있는지 물어본다. 그때 누구에게 위로를 받았는지 이야기를 나눈다. 자발적으로 대화에 참여하도록 이끈다.

예) "힘든 일이 있었나요?", "그때 누구를 믿고 의지했나요?" 등.

—— 우리는 누구나 힘든 일을 겪어요. 어떤 때는 힘든 일 때문에 혼란스러워하기도 하지만 그럴 때도 언제나 하나님을 믿고 의지해야 해요. 오늘은 몹시 힘든 일을 겪으면서도 하나님만을 믿고 의지한 어떤 사람에 대해 배울 거예요. 누구였는지 함께 알아보아요.

마음 열기

낙서 그림 *

[준비물] 종이, 연필이나 색연필

① 아이들을 둥그렇게 앉히고, 종이와 연필을 각각 나누어 준다.

② 아이들에게 5초 동안 종이에 어떤 모양을 재빨리 그리라고 한다.

③ 자신이 그린 종이를 옆 사람에게 건네라고 한다.

④ 종이를 받은 아이는 낙서나 그림을 추가해 자신만의 그림으로 바꾸어야 한다고 말해 준다.

⑤ 그린 것을 발표하는 시간을 갖는다.

—— 처음에는 종이에 있는 낙서가 완전히 엉망인 그림처럼 보였을 거예요. 하지만 여러분은 다른 사람의 낙서를 새로운 그림으로 변화시키는 방법을 찾아냈지요. 오늘은 하나님이 바울을 아름답게 만들기 위해 어떤 일을 하셨는지를 들어 볼 거예요.

의견이 달라요 *

[준비물] 색인 카드, 연필이나 색연필

① 색인 카드에 아이들의 의견이 서로 맞지 않을 가상의 상황들을 각각 써 둔다.

예) 동생과 함께 어떤 영화를 볼지 고르고 있어요, 친구와 함께 학교 과제를 위한 주제를 고르고 있어요 등.

② 아이들을 2명씩 짝을 짓고, 각 팀에 카드를 한 장씩 준다.

③ 팀별로 종이에 적힌 상황을 상황극으로 표현해 보라고 한다.

—— 사람들과 서로 의견이 다를 때가 있어요. 각자 좋아하는 것이 다르기 때문이지요. 모든 사람과 언제나 같은 의견을 갖는 일은 불가능해요. 그렇다고 상대방의 의견을 무시하거나 나와 다르다고 편을 가르면 안 되지요. 오늘은 성경 이야기를 통해 자신과 의견이 다른 사람들에게도 복음을 전하고자 했던 바울에 대해 배울 거예요.

교사를 위한 기록장 이 과를 준비하면서 깨닫게 된 묵상을 정리해 보세요.

· 나는 하나님이나 나에 대해

알게 되었습니다.

· 기억해야 할 하나님의 명령이나 약속은

입니다.

· 아이들에게 전하고 싶은 메시지는

입니다.

가스펠 설교 

 들어가기

[준비물] 낡고 찢어진 옷, 수건, 성경

낡고 찢어진 옷을 입고, 머리에 수건을 두르고 들어온다. 손에는 성경을 들고 있다. 아이들을 보고 깜짝 놀란 표정을 지으며 말한다.

어! 안녕하세요, 여러분! 저는 인도자의 이름이에요. 혹시 여러분도 풍랑을 만나 배가 부서졌나요? 저는 제가 탄 배가 부서지는 바람에 이 섬으로 떠밀려 왔어요. 지금 걸치고 있는 옷과 손에 든 성경이 제가 가진 전부예요. 다른 배가 이 근처를 지나다가 저를 구해 주기만 기다리고 있지요. 며칠 동안 혼자 섬에 있으니까 너무 힘들더라고요. 끼니는 물고기를 잡아야 겨우 해결할 수 있고, 물 한 모금 마시기도 쉽지 않아요. 이마의 땀을 닦는다. 게다가 태양 빛은 얼마나 뜨거운지! 하지만 감사하게도 하나님이 저를 붙들어 주시고 견디게 해 주셨어요. 모든 희망이 사라졌다고 생각한 순간에도 말이지요. 그러다 지금 여러분을 만난 거예요! 오늘 성경을 읽다가 너무 재미있는 이야기를 발견했는데, 한번 들어 볼래요?

 연대표

'어린이를 위한 가스펠 프로젝트_하나님의 구원 계획' 영상(지도자용 팩)을 보여 주고, 오늘의 성경 이야기도 하나님의 거대한 구원 계획의 한 부분에 속하는 이야기임을 상기시킨다.

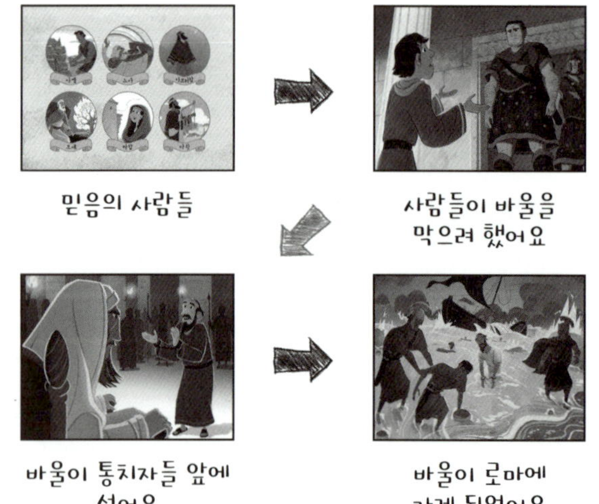

믿음의 사람들 → 사람들이 바울을 막으려 했어요

바울이 통치자들 앞에 섰어요 → 바울이 로마에 가게 되었어요

처음에 바울은 그리스도인들을 미워해서 모두 잡아 감옥에

가두려고 했어요! 하지만 어느 날 예수님을 만난 후 바울은 많은 사람에게 예수님을 전했어요! 신약성경 중에서 사도행전을 보면 바울을 향한 하나님의 계획을 알 수 있어요. 오늘 성경 이야기에는 복음 전하는 바울을 방해하는 사람들이 나와요. 과연 바울은 복음 전하는 것을 멈췄을까요? 어서 성경 이야기 속으로 들어가 봅시다.

 성경의 초점

혹시 정말 어려운 일을 해야 했던 경험이 있나요? 앞으로 몇 주간 만나게 될 바울은 아주 좋은 목적을 위해 정말 어려운 일을 해야 했어요. 하나님은 그가 사람들에게 예수님을 전하기를 바라셨지요. 이 단원의 '성경의 초점'의 질문은 **"우리는 언제 예수님을 전해야 하나요?"**예요. 성경 이야기를 들으면서 '성경의 초점'의 질문에 대한 답을 함께 찾아보아요.

 성경 이야기

사도행전 23장을 펴고, 설교 영상(지도자용 팩)을 보여 주거나 이야기 성경을 들려준다. 인도자가 주님의 음성을 따라 하거나 '주님의 음성'(지도자용 팩)을 틀어 바울이 들은 주님의 목소리를 강조한다. 또는 '바울의 전도 여행 지도'(133쪽 또는 지도자용 팩)에서 가이사랴, 예루살렘의 위치를 가리키며 이야기를 한다.

우리는 언제 예수님을 전해야 하나요? 언제나 어떤 상황에서도 예수님을 전해야 해요. 바울은 만나는 사람마다 복음을 전했어요. 하지만 모든 사람이 예수님에 관한 좋은 소식을 듣고 싶어 한 것은 아니었어요. 어떤 사람들은 예수님이 하나님의 아들이라는 사실을 믿지 않았어요. 특히 종교 지도자들 말이에요. 그들은 사람들이 점점 예수님을 따르게 되자 자기들의 권력이 약해질까 봐 걱정했어요. 종교 지도자들은 사람들이 예수님을 전하지 못하게 막으려고 했어요. 그래서 바울을 죽이려고 했지요!

하지만 하나님은 바울을 로마에 보내 예수님을 전하게 하려는 계획을 갖고 계셨어요. 하나님의 계획은 아무도 막을 수 없지요! **사람들이 바울을 막으려 했지만 하나님은 바울이 예수님을 계속 전할 수 있도록 지켜 주셨어요.** 하나님은 그에게

용기를 북돋워 주셨고, 로마에 가서 복음을 전하게 될 것이라
고 말씀하셨어요(행 23:11 참조). 그리고 어려운 상황 가운데서
도 모든 것을 다스리시는 분은 하나님이라는 사실을 떠올려
주셨어요. 바울은 자신을 향한 하나님의 계획을 믿었어요.

복 / 습 / 질 / 문

아이들에게 질문하고, 참인지 거짓인지 대답하게 한다.

1 바울 이야기는 누가복음에 나와요. *거짓, 사도행전*

2 바울은 가능한 한 많은 사람에게 복음을 전하고 싶었어요. *참*

3 바울은 공회 앞에서 증언했어요. *참 (행 23:1)*

4 유대인과 종교 지도자들은 바울의 말에 동의했어요.
거짓, 그들은 소란을 일으켰다 (행 23:10)

5 유대인 40명이 바울을 죽이기 전에는 잠을 자지 않기로 맹세했
어요. *거짓, 먹지도 않고 마시지도 않기로 맹세했다 (행 23:12~13)*

6 바울의 삼촌이 바울을 죽이려는 유대인들의 음모를 엿듣고 천부장
에게 전했어요. *거짓, 바울의 조카가 전했다 (행 23:16)*

7 천부장은 군인들이 바울을 가이사랴의 로마 총독에게 데려가도록
명령했어요. *참 (행 23:23~24)*

8 하나님은 바울이 사람들에게 하나님의 율법을 지켜야만 구원을 받
는다고 말할 수 있도록 바울을 지켜 주셨어요.
거짓, 예수님을 계속 전할 수 있도록 지키셨다

 가스펠 링크

사람들에게 생명의 위협을 받는 상황에서도 바울은 계속해
서 예수님께 순종했어요. 바울은 예수님의 죽음과 부활로
세상을 향한 사랑을 보여 주신 하나님이 모든 역경 속에서
도 자신을 도우실 것이라고 믿었어요. 우리도 담대하게 복
음을 전하는 일에 모든 것을 걸 수 있어요. 하나님이 우리를
사랑하시고 돌보신다는 사실을 알기 때문이에요. 힘든 일
이 닥쳐도 하나님이 하나님의 뜻대로 모든 것을 이루실 것
을 우리는 알아요. 하나님은 언제나 모든 것을 다스리세요.
힘들고 어려운 일도 하나님의 나라를 세우는 데 사용하세요.

 복음 초청

성경과 53쪽 복음 초청 가이드를 이용해서 아이들에게 그리스도인
이 되는 법을 설명해 준다. 따로 상담해 줄 사람을 정해 주고 궁금한
점이 있으면 물어보도록 격려한다.

이 시간 예수님을 마음에 모시고 싶은 친구는 함께 기도해요.

 기도

하나님, 언제나 변함없이 우리를 사랑해 주셔서 감사합니
다. 우리와 함께하겠다고 약속해 주시고, 어떤 상황에서도
복음을 전할 수 있도록 힘과 용기를 주셔서 감사합니다. 하
나님의 능력으로 복음을 전하는 데 필요한 모든 것을 채워
주세요. 예수님의 이름으로 기도합니다. 아멘.

 적용

TIP 설교 도입이나 적용으로 활용하거나 영상을 본 뒤 소그룹으로 나누어 풍성한
대화를 이어 갈 수 있습니다.

다른 사람에게 예수님을 전하는 상상을 하면 어떤 기분이
드나요? 그런 생각을 하면서 오늘의 영상을 함께 보아요.

적용 예화 영상(지도자용 팩)을 보여 준 후, 다음의 질문으로 이야기를
나눈다.

1 친구들의 반응은 어땠나요?

2 우리도 다른 친구들에게 예수님을 전하다가 비슷한 어려움을 겪
을 수 있을까요?

3 우리는 왜 어려움을 겪으면서도 사람들에게 예수님을 전할까요?

사람들은 우리가 예수님을 믿는다는 이유로 우리를 싫어하
거나 놀릴 수 있어요. 하지만 우리는 예수님을 사랑하기 때
문에 그런 어려움은 이겨낼 수 있어요. 오늘 성경 이야기에
서 **사람들이 바울을 막으려 했지만 하나님은 바울이 예수님
을 계속 전할 수 있도록 지켜 주셨어요.** 바울을 보호하던 로
마 군인들은 아마도 예수님을 몰랐을 거예요. 그래도 하나
님은 그들을 사용하셨어요. 하나님은 모든 것을 하실 수 있
어요. 하나님은 주권자이시며, 선하신 분이에요.

가스펠 소그룹

나침반

공을 건네라

[준비물] 1단원 암송(129쪽), 공

"나의 간절한 기대와 소망을 따라 아무 일에든지 부끄러워하지 아니하고 지금도 전과 같이 온전히 담대하여 살든지 죽든지 내 몸에서 그리스도가 존귀하게 되게 하려 하나니 이는 내게 사는 것이 그리스도니 죽는 것도 유익함이라"

(빌 1:20~21).

① 아이들과 1단원 암송을 함께 큰 소리로 읽는다.

② 아이들을 둥그렇게 세우고, 1단원 암송을 바닥 한가운데에 놓아 아이들이 볼 수 있게 한다.

③ 아이 중 한 명에게 공을 주고, 암송 구절의 첫 어절을 말한 뒤 옆 사람에게 공을 전달하게 한다.

④ 공을 받은 아이는 다음 어절을 말한 뒤 다음 사람에게 공을 전달하라고 한다.

⑤ 정해진 시간 안에서 놀이를 반복한다.

———— 오늘 성경 이야기에서 바울이 예수님을 전하도록 하나님이 지켜 주셨다는 이야기를 배웠어요. 바울은 자신이 다치거나 죽게 되더라도 복음을 전했어요. 이 성경 구절은 바울이 예수님을 전할 때 어떤 마음으로 전했는지 알게 해 주어요. 이번 한 주 동안 암송 구절을 외우며 나는 예수님을 전할 때 어떤 마음으로 전하고 있는지 생각해 보세요.

보물 지도

바울에게 하신 말씀

[준비물] 학생용 교재 6쪽, 연필이나 색연필

① 예수님이 바울에게 나타나 무슨 말씀을 하셨는지 물어본다.

② 초성을 채워 사도행전 23장 11절 말씀을 완성하게 한다.

———— 우리는 언제 예수님을 전해야 하나요? 언제나 어떤 상황에서도 예수님을 전해야 해요. 하나님은 바울과 함께하시며 그를 지켜 주셨어요. 바울이 계속해서 복음을 전하길 바라셨기 때문이에요. 아무리 힘든 일이 닥쳐도 하나님이 하나님의 뜻대로 모든 것을 이루실 것을 우리는 알아요. 하나

님은 언제나 모든 것을 다스리세요. 힘들고 어려운 일도 하나님의 나라를 세우는 데 사용하세요.

탐험하기

복음을 막을 수 없어!

[준비물] 학생용 교재 7쪽, 85쪽, 가위, 풀, 연필이나 색연필

① 바울이 어떤 상황에서도 복음을 전하기에 힘썼다는 것을 말해 준다.

② 복음이 전해지도록 85쪽의 '로마로 가는 길'을 오려 자리에 맞게
　 붙인 후 미로를 통과해 보라고 한다.

③ 1단원 '성경의 초점'의 질문과 답을 말하며, 어떤 상황에서도 복음
　 을 전해야 한다는 사실을 강조한다.

━━ '성경의 초점'을 외워 볼까요? **우리는 언제 예수님을
전해야 하나요? 언제나 어떤 상황에서도 예수님을 전해야
해요.** 정말 잘했어요! 복음을 전하는 것은 쉬운 일이 아니에
요. 길이 막힌 것 같이 느껴질 때도 있지요. 하지만 하나님
이 길을 열어 주세요. 우리가 생각하지 못한 방법으로 복음
의 길을 열어 주실 하나님을 기대해 보세요.

삼각형 술래잡기 ✱

① 5명씩 팀을 나누고, 각 팀에서 '술래'와 '도망자'를 각각 한 명씩
　 정하게 한다.

② 나머지 3명은 서로 손을 잡아 삼각형을 만들고, 도망자는 삼각형
　 안쪽에, 술래는 삼각형 밖에 서게 한다.

③ 인도자가 "시작!"이라고 외치면, 술래는 도망자를 잡아야 하고 손
　 을 잡은 아이들은 제자리에서 돌면서 도망자를 지켜야 한다고 말
　 해 준다.

④ 술래는 삼각형 안으로 들어갈 수 없으며, 삼각형은 제자리에서만
　 돌아야 한다고 일러 준다.

⑤ 술래가 도망자를 잡으면 도망자가 술래가 되어 놀이를 반복한다.

━━ **사람들이 바울을 막으려 했지만 하나님은 바울이 예
수님을 계속 전할 수 있도록 지켜 주셨어요.** 우리가 도망자
친구를 지켜 준 것처럼, 바울의 조카는 바울이 그를 죽이려
는 사람들에게서 도망칠 수 있도록 도움을 주었지요. 하나
님은 복음을 전하는 사람을 보호하시고 함께해 주세요. 때
로 복음을 전하기가 두렵다면 하나님께 기도해 보세요. 하
나님이 성령님의 능력으로 함께하고 계신다는 것을 알게 될
거예요.

복음 전하기 ✱

 **[준비물] 학생용 교재 84쪽**(또는 지도자용 팩)

① 2~3명씩 팀을 나누고, 학생용 교재 84쪽을 읽은 후 복음을 전하
　 는 연습을 하게 한다.

② 친구 중에 복음을 들어야 할 사람이 있는지 생각해 보라고 한다.

③ 이번 주에 그 친구를 위해 기도하고 복음을 전해 보라고 격려한다.

━━ **사람들이 바울을 막으려 했지만 하나님은 바울이 예
수님을 계속 전할 수 있도록 지켜 주셨어요.** 바울은 끝까지
복음을 전했지요. 복음을 전하는 일이 겁이 날 수도 있어요.
누가 복음을 받아들일지, 거절할지 알 수 없지요. 그래서 전
할 말을 연습하고, 질문에 답할 준비를 하며 예수님을 전할
준비를 해야 해요. **우리는 언제 예수님을 전해야 하나요? 언
제나 어떤 상황에서도 예수님을 전해야 해요.**

🧰 보물 상자

나만의 기록장

[준비물] 학생용 교재 8쪽, 연필이나 색연필

성경 이야기를 통해 알게 된 것을 글이나 그림으로 표현해 보라고
한다.

· 이 성경 이야기를 통해 하나님이나 복음에 대해 알게 된 사실은 무엇인가요?

· 이 성경 이야기를 통해 나에 대해 알게 된 사실은 무엇인가요?

· 이 성경 이야기를 통해 기억해야 할 하나님의 말씀은 무엇인가요?

메시지 카드

[준비물] 학생용 교재 85~90쪽 메시지 카드, 카드 고리, 펀치, 가위

① 카드를 오리고 펀치로 구멍을 뚫어 고리로
　 연결하게 한다.

② 가방이나 지갑에 고리를 끼워 항상 휴대하
　 면서 오늘 배운 성경 이야기를 수시로 기
　 억하게 하고, 가족과도 함께 나눌 수 있도
　 록 격려한다.

기도

하나님, 우리에게 예수님을 믿는 믿음을 주셔서 감사합니다.
어떤 상황에서도 복음 전하는 일을 멈추지 않았던 바울처럼
우리도 포기하지 않고 사람들에게 복음을 전할 수 있도록
용기를 주세요. 그래서 많은 사람이 하나님께 돌아올 수 있
도록 인도해 주세요. 예수님의 이름으로 기도합니다. 아멘.

2

바울이 통치자들 앞에 섰어요

행 24:22~27, 25:1~14, 26:24~32

본문 속으로

바울은 로마 총독이 머무르고 있는 가이사랴에 구류되었습니다. 유대인 지도자들이 심각한 혐의로 바울을 고소했기 때문에 이제 그는 총독 벨릭스 앞에 서게 되었습니다. 벨릭스는 바울의 항변을 듣고 판결을 연기했습니다. 그리고 2년 동안 바울을 여러 차례 만났습니다. 유대인들의 심기를 건드리기 싫었던 벨릭스는 총독 재임 기간이 끝난 후에도 바울을 감옥에 내버려두었습니다.

벨릭스의 뒤를 이어 베스도가 총독이 되었습니다. 유대인들은 예루살렘을 방문한 베스도에게 바울을 예루살렘으로 보내 달라고 요청했습니다. 길에 매복하고 있다가 바울이 지나가면 죽이려는 계획이었습니다. 하지만 베스도는 유대인들에게 가이사랴로 와서 바울을 고소하라고 말했습니다. 바울의 변론을 들은 베스도는 바울에게 예루살렘으로 가서 심문을 받고 싶은지 물었습니다. 로마 시민으로서 자신의 권리를 알고 있던 바울은 로마 황제 가이사에게 가서 심문을 받겠다고 말했습니다.

며칠 뒤 아그립바왕이 베스도를 찾아와 바울 이야기를 들었습니다. 그는 직접 바울의 변론을 들어 보고 싶었습니다. 구체적인 죄목 없이 바울을 황제에게 보내는 것이 적절하지 않다고 생각한 베스도는 이번 심문을 통해 바울을 고소할 분명한 증거를 찾을 수 있기를 기대했습니다. 바울의 말을 들은 베스도는 그가 미쳤다고 말했습니다. 아그립바왕은 바울이 가이사에게 상소하지 않았다면 풀려날 수 있었을 것이라고 결론을 내렸습니다.

이런 과정을 거쳐 바울은 로마로 가게 되었습니다. 하나님이 말씀하신 대로였습니다(행 19:21, 23:11 참조). 하나님은 이방인들과 왕들과 이스라엘 백성에게 복음을 전할 사람으로 바울을 선택하셨습니다(행 9:15~16 참조). 바울은 예수님에게 사람들을 구원할 능력이 있다고 확신했기 때문에 복음을 전하기 위해서라면 어떤 일이라도 감수할 의지가 있었습니다.

●●● 티칭 포인트

아이들을 가르칠 때, 통치자들 앞에 서서 말할 때나 2년 동안 감옥에 갇혀 있을 때 바울의 기분이 어땠을지 생각할 시간을 주십시오. 하나님이 약속을 지키기 위해 어떻게 일하셨는지도 함께 생각해 볼 수 있도록 도와주십시오.

주 제

바울이 총독들과 왕 앞에서 예수님을 전했어요.

가스펠 링크

하나님은 바울을 택하셔서 이방인들과 왕들과 이스라엘 백성에게 복음을 전하게 하셨어요. 바울은 복음을 전하기 위해 어떤 일이라도 기꺼이 감수할 수 있었어요.

바울이 통치자들 앞에 섰어요 ^{행 24:22~27, 25:1~14, 26:24~32}

바울은 예루살렘에서 죽음의 위험을 가까스로 벗어났어요. 유대인들이 바울을 죽일 음모를 꾸몄지만, 로마 군인들이 바울을 가이사랴로 데려가 안전하게 보호했어요. 그러나 바울은 여전히 죄수의 신분이었어요. 로마 지도자들은 유대인들이 바울을 미워하는 이유가 궁금했어요. 그 덕분에 바울은 통치자들을 만나 설명할 기회를 얻었어요.

먼저 바울은 총독 벨릭스를 만났어요. 벨릭스는 바울이 예수님을 믿는다는 사실을 알고 그의 말을 들어 보기로 했어요. 벨릭스는 로마 간수에게 바울을 감시하라고 명령했지만 동시에 바울의 친구들이 와서 그를 도울 수 있도록 허락해 주었어요.

며칠 뒤 벨릭스와 그의 아내가 바울을 만나러 왔어요. 바울은 예수님을 믿는 믿음에 관해 이야기했어요. 그는 정의와 자기 절제에 대해 말했고, 언젠가 하나님이 세상을 심판하실 것이라고 설명했어요. 벨릭스는 바울의 말을 듣고 두려워했어요. 그 이후에도 2년 동안 바울과 벨릭스는 여러 차례 만났어요. 새로운 총독이 임명된 후에도 바울은 여전히 감옥에 갇혀 있었어요.

새 총독의 이름은 베스도였어요. 베스도는 예루살렘으로 가서 유대인 지도자들을 만났어요. 유대인 지도자들은 그에게 바울을 예루살렘으로 보내 달라고 요청했어요. 바울을 기습해 죽이려는 속셈이었지요. 하지만 베스도는 바울을 가이사랴에 그대로 두고 싶었어요. 그래서 유대인 지도자들에게 자신과 함께 가이사랴로 가서 바울을 만나자고 말했지요.

바울은 베스도 앞에서 재판을 받았어요. 바울이 말했어요. "나는 어떤 잘못도 저지르지 않았습니다. 내가 사형을 당할 만한 일을 저질렀다면 기꺼이 죽겠습니다. 그러나 이 사람들에게는 아무 증거가 없습니다. 나는 로마 황제 앞에서 재판을 받겠습니다." 바울은 로마 시민이었기 때문에 황제에게 재판받을 수 있는 권리가 있었어요. 베스도는 바울의 말대로 하기로 했어요.

바울이 로마에 가기를 기다리고 있을 때, 아그립바왕과 그의 여동생 버니게가 베스도와 바울을 찾아왔어요. 바울은 왕에게 자신이 어떻게 예수님을 믿게 되었는지 이야기했어요. 그는 예수님이 유대인과 이방인 모두를 구원하기 위해 죽으셨다고 설명했지요.

베스도가 말했어요. "바울아, 네가 미쳤구나!"

바울은 "아닙니다. 나는 진실을 말하고 있습니다. 왕 뿐만 아니라 지금 내 말을 듣고 있는 모든 사람이 예수님을 믿게 되길 바랍니다"라고 대답했어요.

아그립바왕과 베스도와 함께 있던 사람들은 바울에게 아무 잘못이 없다고 서로 말했어요. 왕은 바울이 로마 황제에게 가겠다고 하지만 않았어도 풀려날 수 있었을 것이라고 말했어요.

●● 가스펠 링크

하나님은 바울을 택하셔서 이방인들과 왕들과 이스라엘 백성에게 복음을 전하게 하셨어요(행 9:15~16 참조). 바울은 계속해서 사람들을 만나며 예수님에 관한 기쁜 소식을 전했어요. 그는 모든 사람이 예수님이 주님이라는 사실을 믿기를 바랐어요. 오직 예수님만 사람들을 죄에서 구원하실 수 있기 때문에 바울은 복음을 전하기 위해 어떤 일이라도 기꺼이 감수할 수 있었어요.

 ### 환영

도착하는 아이들을 반갑게 맞이하고 헌금, 출석, QT 등을 확인하며 격려한다. 새 친구가 있다면 소개한다. 편안한 분위기에서 안부를 물으며 오늘의 말씀과 관련된 화제로 이야기를 나눈다. 아이들에게 지난주에 재미있는 일이나 신나는 일이 있었는지 물어본다. 자발적으로 대화에 참여하도록 이끈다.

예) "지난주에 재미있는 일이 있었나요?", "어떤 일이었나요?" 등.

▬▬▬ 재미있거나 신나는 일이 생기면 다른 사람에게 그 이야기를 전하고 싶어져요. 예수님에 관한 좋은 소식도 마찬가지예요. 사도 바울은 예수님을 만난 후 많은 사람에게 자신이 만난 예수님 이야기를 들려주고 싶었어요! 오늘은 누구에게 복음을 전했을까요?

 ### 마음 열기

튼튼한 감옥 설계하기 ✱

[준비물] 종이, 사인펜

① 3명씩 팀을 나누고, 각 팀에 종이와 사인펜을 나누어 준다.
② 누구도 절대 빠져나올 수 없는 감옥을 그려 보라고 한다.
③ 팀별로 어떤 감옥을 그렸는지 발표하는 시간을 갖는다.

▬▬▬ 감옥 관리자는 죄수들이 감옥에서 도망칠 수 없도록 경계를 게을리 하지 않아요. 만약 여러분이 그런 감옥에 갇힌다면 어떨까요? 예수님을 전한다는 이유로 붙잡혔다면요? 오늘 성경 이야기에서는 바울이 잡혀 있는 동안 어떤 일이 있었는지 배울 거예요. 바울은 감옥에서 도망치려고 했을까요?

감옥에 가두기 ✱

[준비물] 초콜릿 볼, 접시 2개, 종이컵 2개, 빨대

① 안전을 위해 빨대 지름보다 큰 초콜릿을 준비하고, 접시에 여러 가지 색의 초콜릿을 담아 둔다. 이때 특정한 색의 초콜릿이 각 접시에 같은 수만큼 들어가게 한다.
② 아이들을 2팀으로 나누고, 빨대를 하나씩 나누어 준다.
③ 특정한 색의 초콜릿은 '죄인'이며, 죄인들을 빨대로 빨아서 종이컵

감옥 안에 넣어야 한다고 말해 준다.
④ 초콜릿을 먼저 종이컵 안에 모두 담은 팀이 이긴다.

▬▬▬ 감옥은 어떤 사람들이 가는 곳인가요? 죄를 지은 사람들이 가는 곳이에요. 그런데 바울이 감옥에 갇혔다고 해요. 왜 갇혔을까요? 아이들의 대답을 기다린다. 맞아요. 복음을 전했다는 이유만으로 감옥에 갇히게 되었어요. 억울하고 답답한 상황이었지요. 바울은 감옥에서 무엇을 하고 있을까요? 오늘의 성경 이야기를 통해 알아보아요.

교사를 위한 기록장 이 과를 준비하면서 깨닫게 된 묵상을 정리해 보세요.

· 하나님이나 나에 대해 새롭게 알게 된 것은?

· 기억해야 할 하나님의 말씀은?

· 아이들에게 전하고 싶은 메시지는?

가스펠 설교

15~30분

 ## 들어가기

[준비물] 낡고 찢어진 옷, 수건, 막대기, 코코넛, 성경

코코넛에 얼굴을 그리고, 막대기 끝에 매달아 둔다. 낡고 찢어진 옷을 입고, 머리에 수건을 두르고, 성경과 코코넛이 달린 막대기를 들고 들어온다.

세상에, 또 만나서 반가워요! 이 섬에서 오랫동안 혼자 있다 보니 지난주에 여러분을 만난 것이 꿈인 줄 알았지 뭐예요. 제 말에 대답해 줄 수 있는 친구가 생겨서 너무 기뻐요! 막대기에 달린 코코넛을 가리키며 여기 이 친구 이름은 윌슨인데요, 윌슨은 별로 말이 없거든요. 그리고 도움이 필요할 때도 별 도움을 주지 않아요. 비밀을 털어놓듯이 목소리를 낮춘다. 우리끼리만 하는 이야기인데, 이 친구는 머리가 좀 딱딱해요! 당연히 진짜 사람 친구를 대신할 수 없지요. 그래서 여러분을 다시 만난 것이 너무나 기뻐요! 함께 지내면서 다정한 대화를 나눌 친구도 필요했지만, 여러분에게 들려주고 싶은 성경 이야기가 생겼거든요.

연대표

사람들이 바울을
막으려 했어요

바울이 통치자들 앞에
섰어요

바울이 로마에
가게 되었어요

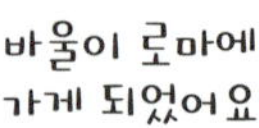

바울이 감옥에서도
하나님을 찬양했어요

연대표에서 지난 성경 이야기를 가리킨다. 바울을 향한 하나님의 계획을 살펴보는 것이 좋겠군요. 지난주에는 바울이 유대인 종교 지도자들과 맞붙은 이야기를 배웠어요. 유대인들은 바울이 전하는 예수님에 관한 소식을 싫어했어요. 그래서 바울을 죽

이려고 했지요! **사람들이 바울을 막으려 했지만** 감사하게도 **하나님은 바울이 예수님을 계속 전할 수 있도록 지켜 주셨어요.** 하나님은 바울의 어려운 상황을 하나님의 영광을 위해 사용하셨어요. 군인들은 로마의 총독이 있는 가이사랴로 바울을 데려갔어요. 연대표에서 오늘의 성경 이야기를 가리킨다. 오늘의 성경 이야기는 "바울이 통치자들 앞에 섰어요"랍니다.

 ## 성경의 초점

지난주에 함께 답을 찾았던 '성경의 초점'의 질문을 기억하나요? **우리는 언제 예수님을 전해야 하나요?** 답은 무엇이었지요? 아이들의 대답을 기다린다. **언제나 어떤 상황에서도 예수님을 전해야 해요.** 왜 이 질문과 답을 꼭 기억해야 할까요? 아이들의 대답을 기다린다. 예수님은 예수님을 따르는 사람들에게 예수님을 위해 사는 것이 쉽지 않을 것이라고 말씀하셨기 때문이에요. 예수님을 따르는 우리의 임무는 사람들에게 예수님을 전하는 거예요. 하지만 그렇다고 사람들이 모두 좋은 소식을 듣고 싶어 할 거라는 말은 아니에요.

성경 이야기

사도행전 24장 22~27절, 25장 1~14절, 26장 24~32절을 펴고, 설교 영상(지도자용 팩)을 보여 주거나 이야기 성경을 들려준다. 바울이 통치자들(벨릭스, 베스도, 아그립바)을 만나는 장면마다 각기 다른 왕관을 준비해 들어 올린다. 또는 '바울의 전도 여행 지도'(133쪽 또는 지도자용 팩)에서 가이사랴, 예루살렘, 로마 등의 위치를 가리키며 이야기를 한다.

만약 제가 예수님을 전하다 감옥에 갇힌다면, 한동안은 복음 전하는 일을 주저하게 될 것 같아요. 누군가가 제 편이 되어 함께해 줄 때 예수님을 전할 수 있을 것 같고요. 하지만 바울은 달랐어요. 바울은 하나님이 사람들에게 복음을 전하도록 자신을 부르신 것을 알았어요.

예루살렘에서 가까스로 죽음의 위험을 벗어나 가이사랴로 가게된 바울은 여전히 죄수의 신분이었어요. 로마의 지도자들은 유대인들이 바울을 미워하는 이유가 궁금했지요. 그 덕분에 바울은 벨릭스 총독, 베스도 총독, 아그립바왕을 만나 설명할 기회를 얻을 수 있었어요. 하나님은 그가 사람들

에게 복음을 전할 수 있도록 길을 열어 주셨어요.

바울이 총독들과 왕 앞에서 예수님을 전했어요. 바울 자신은 사슬에 묶여 있으면서도 사람들에게 그리스도 안에서 자유를 얻는다고 말했어요. 재미있는 상황이지요? 하지만 바울이 말한 자유는 예수님이 우리를 죄에서 풀어 주셨다는 의미였어요. 예수님은 우리를 하나님의 나라로 초청하시고 우리에게 영원한 생명을 주세요! 바울은 자신이 하나님의 자녀라는 것을 알았고, 하나님이 자신을 돌보아 주신다는 것도 알았어요.

바울의 말을 들은 통치자들은 모두 그에게 아무 죄가 없다고 생각했어요. 하지만 바울은 이미 로마 황제 앞에서 재판을 받겠다고 요청한 상태였어요. 로마 시민이었던 바울은 황제 앞에서 재판을 받을 권리가 있었어요. 바울을 로마에 보내려는 하나님의 계획은 조금씩 이루어지고 있었어요.

 가스펠 링크

하나님은 바울을 택하셔서 이방인들과 왕들과 이스라엘 백성에게 복음을 전하게 하셨어요.(행 9:15~16 참조). 바울은 계속해서 사람들을 만나며 예수님에 관한 기쁜 소식을 전했어요. 그는 모든 사람이 예수님이 주님이라는 사실을 믿기를 바랐어요. 오직 예수님만 사람들을 죄에서 구원하실 수 있기 때문에 바울은 복음을 전하기 위해 어떤 일이라도 기꺼이 감수할 수 있었어요.

우리도 사람들에게 예수님을 전할 수 있어요! 하나님이 바울의 어려운 상황까지 하나님의 영광을 위해 사용하신 것처럼 우리의 모든 상황도 사용하실 거예요. 사람들이 어떻게 반응하든지 걱정할 필요 없어요. 하나님이 모든 것을 다스리신다는 사실을 믿고 의지하면 되니까요.

 복음 초청

이 시간 예수님을 마음에 모시고 싶은 친구는 함께 기도해요.

 기도

하나님, 바울이 어떤 상황에서도 복음을 전했다는 것을 배웠습니다. 예수님이 우리를 구원하시려고 이 땅에 오셨다는 이 기쁜 소식을 전하기를 원합니다. 나만 알고 있는 기쁜 소식이 아닌 다른 사람들에게도 기쁜 소식이 되기를 소망합니다. 담대하게 복음을 전할 수 있도록 성령님 함께해 주세요. 예수님의 이름으로 기도합니다. 아멘.

 적용

TIP 설교 도입이나 적용으로 활용하거나 영상을 본 뒤 소그룹으로 나누어 풍성한 대화를 이어 갈 수 있습니다.

어떤 일이 여러분의 계획대로 되지 않을 때 기분이 어떤가요? 오늘의 영상을 보면서 함께 생각해 보아요.

적용 예화 영상(지도자용 팩)을 보여 준 후, 다음의 질문으로 이야기를 나눈다.

1 나이절의 계획을 듣고 놀랐나요?

2 하나님은 언제나 우리가 예상하는 방식으로 약속을 지키시나요? 하나님은 언제나 약속을 지키세요. 하지만 하나님의 계획이 늘 이해하기 쉬운 것은 아니에요. 많은 경우 하나님은 우리가 생각하지도 못하는 놀라운 방식으로 하나님의 약속을 지키세요.

바울이 총독들과 왕 앞에서 예수님을 전했어요. 하나님이 바울을 가이사랴의 감옥에 두셨기 때문이지요. 하나님은 언제나 하나님의 영광과 우리의 유익을 위해 일하세요. 때로는 우리에게 가장 유익한 것이 우리 눈에는 그렇게 보이지 않아도 말이에요.

10~20분

 나침반

바울의 마음

[준비물] 학생용 교재 12쪽, 연필이나 색연필

① 바울은 어떤 마음으로 복음을 전했을지 이야기를 나눈다.

② 빈칸을 채운 후 손동작을 하며 빌립보서 1장 20~21절을 외우게 한다.

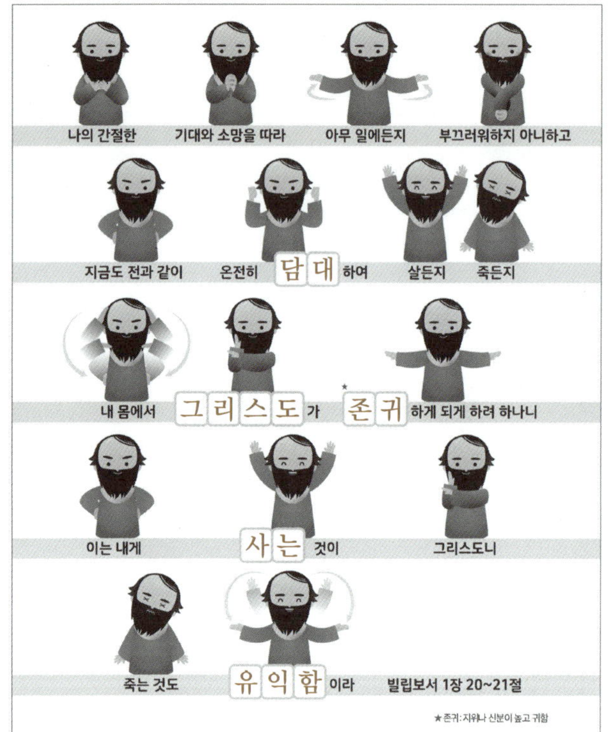

―― 이 성경 구절에는 예수님을 향한 바울의 마음이 담겨 있어요. 그는 자신의 목숨도 아까워하지 않았어요. 복음을 전하기 위해, 예수님을 위해 자신의 삶을 바쳤지요. 바울은 사람들이 반대할 때에도 계속해서 예수님에 관한 좋은 소식을 전했어요.

 보물 지도

감옥에서 멀어져!

[준비물] 색인 카드, 사인펜

① '참'과 '거짓'이라고 각각 쓴 색인 카드를 인원수대로 준비한다.

② 아이들에게 카드를 한 세트씩 나누어 주고, 예배실 한쪽 벽(감옥)에 세운다.

③ 인도자가 질문하면 정답에 해당하는 카드를 들게 한다.

④ 정답을 맞힐 때마다 감옥에서 한 걸음씩 멀어질 수 있다고 말해 준다. 정답을 맞히지 못하면 감옥으로 한 걸음씩 돌아가야 한다고 알려 준다.

⑤ 먼저 반대편 벽에 도착한 아이가 이긴다.

1 바울은 죄수였어요. 참 (행 23:18)

2 벨릭스는 아무도 바울을 못 만나게 했어요. 거짓, 벨릭스는 바울의 친구들이 바울을 돌보아 주는 것을 허락했다 (행 24:23)

3 벨릭스는 바울이 예수님에 대해 전하는 것을 한 번도 듣지 않았어요. 거짓, 벨릭스는 바울에게서 돈을 받으려는 마음에 자주 바울을 불러 함께 이야기했다 (행 24:26)

4 벨릭스는 바울을 감옥에서 풀어 주었어요. 거짓, 유대인들을 기쁘게 하려고 바울을 계속 감옥에 두었다 (행 24:27)

5 바울은 자신을 로마로 데려가 달라고 요청했어요. 참 (행 25:10)

6 바울은 통치자들 앞에서 예수님을 전하지 않았어요. 거짓, **바울이 총독들과 왕 앞에서 예수님을 전했다**

7 우리는 **언제나 어떤 상황에서도 예수님을 전해야 해요.** 참

―― 정말 잘했어요! **바울이 총독들과 왕 앞에서 예수님을 전했어요.** 그는 예수님을 아는 것이 이 세상 무엇보다 중요하다는 것을 알았어요. 그래서 모든 사람에게 복음을 전하길 바랐어요! 바울은 힘든 상황에서도 하나님을 믿고 의지했어요.

 탐험하기

숨은 글자를 찾아

[준비물] 학생용 교재 13쪽, 연필이나 색연필

① 숨은 글자를 찾아 '성경의 초점'을 완성하게 한다.

② 바울이 사람들 앞에서 무슨 말을 했을지 생각해 보고 말풍선을 채워 보라고 한다.

―― **바울이** 두려워하지 않고 **총독들과 왕 앞에서 예수님을 전했어요.** 우리도 담대하게 예수님을 전할 수 있어요! 하나님이 바울의 어려운 상황까지 하나님의 영광을 위해 사용하신 것처럼 우리의 모든 상황도 사용하실 거예요. 사람들이 어떻게 반응하든 걱정할 필요 없어요.

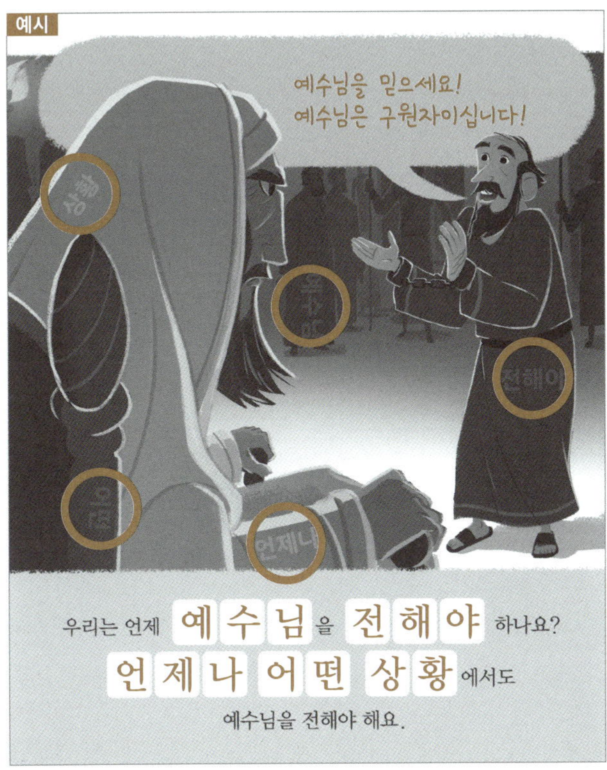

뭐라고 말하겠니? *

[준비물] 학생용 교재 84쪽 (지도자용 팩)

① 아이들에게 '복음 초청_나를 위한 하나님의 멋진 계획'을 보여 주고, 함께 큰 소리로 읽는다.

② 아이들에게 복음 아이콘과 내용을 손동작으로 만들어 보라고 한다.

③ 손동작을 연습할 시간을 준다.

④ 아이들과 함께 큰 소리로, 작은 소리로, 또는 다양한 목소리로 말하며 손동작을 한다.

복음을 전하기가 늘 쉬운 것은 아니에요. 하지만 오늘 우리가 함께 외운 이 5가지 단계만 기억하면 누구에게나 예수님에 관한 좋은 소식을 전할 수 있어요! 바울은 누구를 만나든지 복음을 전했어요. **바울이 총독들과 왕 앞에서 예수님을 전했어요.** 복음은 모든 사람을 위한 것이에요. 우리는 모두 죄인이에요. 구원자가 필요하지요. 한 주 동안 복음을 들어야 하는 사람에게 복음을 전해 보세요!

복음의 과자 상자 *

[준비물] 작은 종이 상자, 리본, 접착테이프, 사인펜, 간식, 엽서

① 아이들에게 오랫동안 교회에 나오지 않는 친구들에게 택배로 선물을 보낼 거라고 말하고, 과자나 사탕을 직접 준비해 오게 한다.

② 종이 상자를 예쁘게 꾸민 뒤 예수님이 우리를 위해서 하신 일을 소개하는 글을 적어 보게 한다.

③ 인도자가 장기 결석하는 친구에게 교회로 초청하는 엽서를 써서 상자 안에 넣고, 주중에 택배로 보낸다.

교회에 오랫동안 나오지 않는 친구들에게 보낼 복음의 과자 상자를 만들었어요. 이 상자를 받는 친구들이 다시 복음을 듣고 함께 예배하는 모습을 상상해 보세요. 하나님이 정말 기뻐하실 거예요. 복음은 복음을 들어 본 적이 없는 사람에게만 전하는 것이 아니에요. 끊임없이 기억하고 전해야 할 기쁜 소식이라는 것을 잊지 마세요.

 보물 상자

나만의 기록장

[준비물] 학생용 교재 14쪽, 연필이나 색연필

성경 이야기를 통해 알게 된 것을 글이나 그림으로 표현해 보라고 한다.

· 이 성경 이야기를 통해 하나님이나 복음에 대해 알게 된 사실은 무엇인가요?

· 이 성경 이야기를 통해 나에 대해 알게 된 사실은 무엇인가요?

· 이 성경 이야기를 통해 기억해야 할 하나님의 말씀은 무엇인가요?

메시지 카드

이번 주 메시지 카드로 부모님과 함께 오늘 배운 성경 이야기를 나누어 보라고 한다.

기도

하나님, 우리도 바울처럼 복음을 전할 수 있도록 함께해 주세요. 때로는 어떻게 복음을 전해야 할지, 어떻게 교회에 가자고 말해야 할지 막막하고 두렵기도 합니다. 하지만 그때마다 우리에게 용기와 지혜를 주셔서 담대하게 복음을 전할 수 있도록 성령님 인도해 주세요. 예수님의 이름으로 기도합니다. 아멘.

3

바울이 로마에 가게 되었어요

행 27:13~44, 28:11~16

바울은 유대인들의 근거 없는 고소 때문에 로마 군대의 감옥에 수감되었습니다. 가이사랴에서 통치자들에게 심문을 받은 바울은 로마 시민으로서 황제에게 상소할 권리를 행사했습니다. 그래서 총독 베스도는 바울을 로마로 호송하도록 조치를 취했습니다.

바울은 로마에 가는 배를 탔습니다. 로마로 향하는 바울의 여정은 지체되고 복잡하게 얽혔습니다. 그것도 모자라 항해 중에 거친 풍랑까지 만났습니다. 배가 출발하기 전에 바울은 선원들에게 지금 크레타(그레데)를 떠나면 모든 것을 잃고 죽을 수도 있다고 경고했지만, 선원들은 그의 말을 귀담아 듣지 않았습니다. 바울은 그들의 방식이 잘못되었다고 지적하면서도 희망을 주었습니다. 천사가 바울에게 나타나 바울이 무사히 로마에 도착할 것이고 그와 함께한 사람들도 모두 무사할 것이라고 말했기 때문입니다.

거친 풍랑 속에서 바울은 배에 있는 사람들에게 음식을 먹고 힘을 내라고 말했습니다. 선원들이 배를 한섬의 해안에 대려고 했지만, 모래 언덕에 걸려 꼼짝 못하게 되었습니다. 결국 거센 파도에 부딪혀 배는 부서졌습니다. 그러나 사람들은 모두 무사히 해안에 도착할 수 있었습니다.

바울은 그리스도를 위해 고난을 받았습니다. 고린도 교회에 보내는 그의 편지에는 바울이 겪은 고초가 열거되어 있습니다. 매를 맞고, 돌에 맞고, 여러 위험을 만나고, 수고하고 애쓰며, 뜬눈으로 밤을 새우고, 굶주리고 목마르며, 헐벗고, 교회를 위한 염려로 마음 아파했습니다(고후 11:24~29 참조). 바울은 끊임없이 하나님이 자신의 삶에 개입하시는 증거를 보았고, 그때마다 복음은 전진했습니다.

● ● ● 티칭 포인트

아이들을 가르칠 때, 바울은 하나님이 그들을 풍랑에서 구하겠다고 하신 약속을 지키실 것이라고 믿었다는 점을 강조하십시오. 바울은 선원들에게 하나님을 믿으라고 용기를 북돋워 주었습니다. 하나님은 우리가 우리를 죄와 죽음에서 구원하기 위해 죽으시고 부활하신 하나님의 아들 예수님을 믿으며 다른 사람들에게 이 기쁜 소식을 전하기를 바라십니다. 우리는 하나님이 선하시며 만물을 다스리신다는 사실을 알기 때문에 다른 사람들에게 하나님을 믿도록 격려할 수 있습니다.

주 제

하나님은 바울이 로마 황제 앞에 설 수 있도록 그를 지키셨어요.

가스펠 링크

하나님은 죽으시고 부활하신 예수님을 믿으며 다른 사람들에게 이 기쁜 소식을 전하도록 우리를 부르셨어요.

바울이 로마에 가게 되었어요 행 27:13~44, 28:11~16

바울은 가이사랴에 있는 감옥에 갇혀 있었어요. 그는 로마 황제 앞에서 재판을 받겠다고 요청했어요. 그래서 바울은 다른 죄수들과 함께 배를 타고 황제가 있는 로마로 향했어요.

로마에 가는 길은 매우 험하고 힘들었어요. 강한 비바람에 배가 이리저리 흔들렸어요. 선원들은 물건을 배 밖으로 던져 배가 부서지고 가라앉는 것을 막으려고 했어요. 하지만 풍랑은 여러 날 동안 멈추지 않았어요. 배에 있던 사람들은 모두 죽을지도 모른다는 두려움에 빠졌어요.

어느 날 밤, 하나님이 바울에게 천사를 보내셨어요. 천사는 바울에게 두려워하지 말라고 말했어요. 그가 로마 황제 앞에 서야 하기 때문에 하나님이 배에 탄 사람들을 모두 구하실 것이라고 했지요. 바울은 사람들에게 하나님의 말씀을 전하면서 "안심하십시오"라고 말했어요. 바울은 모든 것이 하나님의 말씀대로 이루어질 것이라고 믿었어요. 배에 탄 사람들은 죽지 않을 것이고, 배는 섬에 닿게 될 것이었어요.

배가 한 섬에 가까워지자, 선원들 몇 명이 작은 배를 타고 달아나려고 했어요. 그러자 바울은 그들이 배에 있어야 모든 사람이 살아남을 수 있다고 말했어요. 선원들은 바울의 말을 들었어요. 사람들은 오랫동안 음식을 먹지 못해 기운이 없었어요. 바울이 사람들에게 음식을 먹으라고 말했어요. 바울이 하나님께 감사 기도를 드리고 빵을 떼어 먹기 시작하자 모두 음식을 먹었어요. 그런 다음 돛을 올려 섬을 향해 나아갔어요.

해안 가까이에서 배가 모래 언덕에 걸려 꼼짝 못하게 되었어요. 게다가 파도에 부딪혀 배가 부서지기 시작했어요. 군인들은 죄수들이 도망칠까 봐 염려되어 그들을 죽이려고 했어요. 하지만 백부장은 모두 헤엄쳐서 해안으로 가라고 명령했어요. 헤엄칠 줄 모르는 사람은 널빤지나 부서진 배 조각을 붙잡고 나아갔어요. 모든 사람이 무사히 해안에 도착했어요. 바울의 말이 맞았어요. 하나님이 모두의 생명을 구하셨어요.

석 달 뒤, 바울은 로마로 향하는 다른 배에 올랐어요. 바울은 여전히 죄수의 신분이었지만, 감옥에 들어가는 대신 따로 지내도록 허락을 받았어요. 군인 한 명이 그를 지켰지요. 사람들은 바울의 집에 찾아와 하나님의 나라와 예수님에 관한 이야기를 들었어요. 어떤 사람들은 바울의 말을 듣고 예수님을 믿고 따르기도 했어요.

●●● 가스펠 링크

바울은 하나님이 그들을 풍랑에서 구하겠다고 하신 약속을 지키실 것이라고 믿었어요. 선원들에게 하나님을 믿으라고 용기를 북돋워 주었지요. 하나님은 죽으시고 부활하신 예수님을 믿으며 다른 사람들에게 이 기쁜 소식을 전하도록 우리를 부르셨어요.

 환영

도착하는 아이들을 반갑게 맞이하고 헌금, 출석, QT 등을 확인하며 격려한다. 새 친구가 있다면 소개한다. 편안한 분위기에서 안부를 물으며 오늘의 말씀과 관련된 화제로 이야기를 나눈다. 아이들과 두렵고 겁이 났던 경험에 관해 이야기를 나눈다. 자발적으로 대화에 참여하도록 이끈다.

예) "겁이 났던 적이 있나요?", "무엇 때문에 겁이 났나요?", "어떻게 괜찮아졌나요?" 등.

━━━ 누구나 겁이 나는 상황이 생겨요. 그때 우리를 안심시켜 주는 것은 무엇인가요? 부모님이나 친구일 수도 있고, 담요나 인형 같은 물건일 수도 있어요. 오늘은 두려운 상황을 겪게 된 바울의 이야기를 들을 거예요. 그리고 누가 바울을 안심시켜 주었는지도 살펴볼 거예요.

 마음 열기

인간 전함 *

[준비물] 의자, 빨래집게, 침대보, 비치볼, 줄

① 예배실 한가운데에 의자, 빨래집게, 침대보를 이용해 가슴 높이의 칸막이를 만든다.
② 아이들을 2팀으로 나누고, 팀별로 칸막이 양쪽에 눕게 한다.
③ 누운 상태로 비치볼을 칸막이 너머로 주고받게 한다.
④ 놀이를 하는 동안 바닥에서 일어나거나 자리를 이동할 수 없다고 말한다.
⑤ 상대편 아이가 공을 잡으면 그 공을 던진 사람은 탈락한다고 말해 준다.
⑥ 공을 잡지 못하고 맞은 아이는 "맞았다"라고 말하게 하고, 공을 2번 맞으면 "침몰"이라고 말한 후 탈락한다고 일러 준다.

━━━ 정말 잘했어요! 오늘은 바울이 탄 배가 부서진 이야기를 들을 거예요. 바울이 탄 배는 가벼운 비치볼에 맞은 것이 아니었어요. 큰 풍랑을 만나 비바람과 파도에 부딪혔지요. 여러분이 탄 배가 거센 풍랑을 만났다면 어떨 것 같나요?

우리를 보호하는 것은? *

[준비물] 종이, 연필이나 색연필

① 아이들에게 준비물을 나누어 주고, 사람을 보호하는 물건들을 그려 보라고 한다.

예) 자외선차단제, 자전거 헬멧, 보안경, 안전벨트 등.

② 각 물건은 어떤 상황에서 어떻게 보호해 주는지 이야기를 나눈다.
③ 각 물건을 사용하는 것이 오히려 방해되는 때는 어떤 상황인지 이야기해 본다.

예) 수영할 때 자전거 헬멧을 착용하는 것, 자전거를 탈 때 구명조끼를 입는 것 등.

━━━ 어떤 물건이 우리를 지켜 줄 것이라고 강하게 믿을 때가 있어요. 오늘은 바울이 탄 배가 풍랑을 만난 이야기를 들을 거예요. 선원들은 풍랑 속에서도 배만 무사하면 안전할 거라고 생각했어요. 과연 그들은 안전하게 살아남았을까요? 성경 이야기 속으로 함께 들어가 보아요.

교사를 위한 기록장 이 과를 준비하면서 깨닫게 된 묵상을 정리해 보세요.

· 하나님이나 나에 대해 새롭게 알게 된 것은?

· 기억해야 할 하나님의 말씀은?

· 아이들에게 전하고 싶은 메시지는?

가스펠 설교

15~30분

 들어가기

[준비물] 낡고 찢어진 옷, 수건

낡고 찢어진 옷을 입고, 머리에 수건을 두르고 들어온다.

안녕하세요, 여러분! 제가 어떻게 이곳에 오게 되었는지 말해 줄게요. 혼자 돛단배를 타고 바다 한가운데 있었는데 갑자기 거대한 풍랑이 몰아쳤어요. 파도가 수십 미터는 되어 보였지요. 바람이 얼마나 거센지 배가 오랫동안 이리저리 마구 흔들렸어요. 저는 '이제 난 꼼짝없이 죽었구나' 하고 생각했어요! 하지만 그러다가 배가 이 섬 해안가에 있는 모래톱에 부딪힌 거예요. 파도에 실려 해안에 도착한 이후 지금까지 이렇게 섬에 갇혀 누군가가 저를 구해 주기를 기다리고 있지요.

풍랑은 아주 위협적이에요. 높은 파도가 일게 하기 때문에 배에 물이 차 가라앉을 수도 있고, 바람이 거세게 불면 배가 부서질 수도 있으니까요. 이야기를 하다 보니 바울이 로마로 향하는 길에 배가 난파됐던 성경 이야기가 생각나네요. 한번 들어 볼래요?

연대표

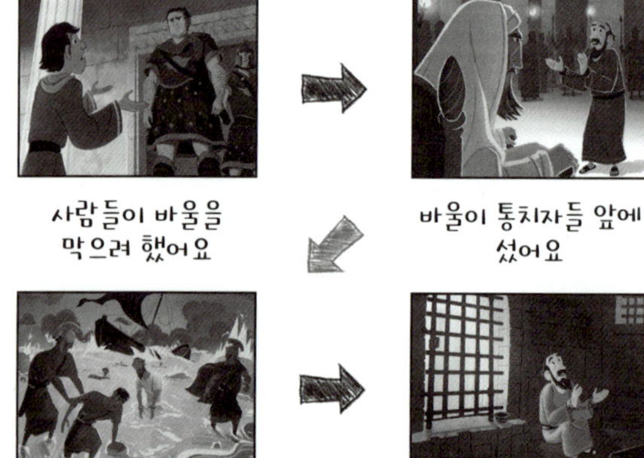

사람들이 바울을 막으려 했어요

바울이 통치자들 앞에 섰어요

바울이 로마에 가게 되었어요

바울이 감옥에서도 하나님을 찬양했어요

연대표에서 지난 성경 이야기들을 가리킨다. 그동안 바울이 복음을 전하다가 겪었던 힘든 일을 몇 가지 배웠어요. 어떤 유대인들은 예수님을 전한다는 이유로 바울을 죽이려고 했지요.

지난주에는 바울이 총독들과 왕 앞에서 예수님을 전한 것을 배웠어요! 하나님은 놀라운 방법으로 바울을 사용하셨지만, 바울의 삶이 늘 순탄한 것만은 아니었어요. 오늘은 바울이 예수님을 따르다가 경험하게 된 또 하나의 놀라운 모험 이야기를 들려줄게요.

 성경의 초점

혹시 '성경의 초점'의 질문을 기억하는 사람 있나요? *아이들의 대답을 기다린다.* 맞아요! **우리는 언제 예수님을 전해야 하나요?** 답은 무엇이었지요? *아이들의 대답을 기다린다.* 그렇지요! **언제나 어떤 상황에서도 예수님을 전해야 해요.** '성경의 초점'을 보면 바울을 향한 하나님의 계획을 알 수 있어요. 바울은 사람들에게 예수님에 관한 진리를 전한다는 이유로 수많은 어려움을 겪었지만, 하나님은 계속해서 바울에게 복음을 전할 기회를 주셨어요. 심지어 감옥에 갇혔을 때조차도 말이에요! 하나님은 바울을 사용하신 것처럼 예수님에 관한 좋은 소식을 전하는 일에 모든 그리스도인을 사용하세요.

 성경 이야기

사도행전 27장 13~44절, 28장 11~16절을 펴고, 설교 영상(지도자용 팩)을 보여 주거나 이야기 성경을 들려준다. 성경 이야기 속에서 적절하게 바람과 비, 천둥 소리를 들려준다. 또는 배가 난파된 상황을 묘사하며 물건을 배 밖으로 던지는 동작, 빵을 먹는 동작, 해안으로 헤엄치는 동작을 하며 이야기를 들려준다.

이거 정말 모험 영화가 따로 없네요! 바울을 싣고 로마로 향하던 배가 풍랑을 만나 부서졌어요! 여러분이 바울이라면 기분이 어땠을까요? 혼란스러웠을까요? 무서웠을까요? 하나님이 나를 버리셨나 하고 두려워했을까요?

성경 이야기를 보면 하나님은 천사를 보내 바울에게 용기를 북돋우셨어요. 천사는 바울이 가이사 앞에 설 것이고, 배에 있는 모든 사람을 구하겠다는 하나님의 말씀을 전했어요. 바울은 그 말씀을 믿고 선원들에게 안심하라고 말했어요. 풍랑이 심해지자 선원들은 배를 버리려고 했지만 하나님의 말씀대로 아무도 다치지 않았어요. **하나님은 바울이 로마**

황제 앞에 설 수 있도록 그를 지키셨어요.

석 달 뒤, 바울은 로마에 도착했어요. 여전히 죄수의 신분이었지만 감옥에 들어가는 대신 한 집에서 지내도록 허락을 받았어요. 군인 한 명이 그를 지켰지요. 사람들은 바울을 찾아왔고 하나님의 나라와 예수님에 관해 듣게 되었어요.

바울은 로마에 가는 도중에 배가 부서지는 일을 겪었어요. 이처럼 때로 힘든 일을 겪을 때 하나님이 우리 고통에 아무런 관심이 없는 것 같다는 생각이 들기도 해요. 하지만 결코 그렇지 않아요! 그런 생각은 희망을 잃게 만들려고 원수가 우리를 속이는 것이에요. 진실은 그 반대예요. 우리는 하나님에게 속한 하나님의 자녀예요. 하나님은 우리에게 필요한 모든 것을 주겠다고 약속하셨어요. 하나님의 계획은 우리가 기대하는 대로 흘러가지 않을 수 있어요. 하지만 하나님은 언제나 선하시며 우리가 생각하지 못한 방법으로 하나님의 계획을 이루어 가세요.

가스펠 링크

바울은 하나님이 그들을 풍랑에서 구하겠다고 하신 약속을 지키실 것이라고 믿었어요. 선원들에게 하나님을 믿으라고 용기를 북돋워 주었지요. 하나님은 죽으시고 부활하신 예수님을 믿으며 다른 사람들에게 이 기쁜 소식을 전하도록 우리를 부르셨어요. 예수님이 우리를 구원하시고 우리 삶을 인도하신다는 사실을 믿으며 예수님을 믿고 의지해야 해요.

복음 초청

성경과 53쪽 복음 초청 가이드를 이용해서 아이들에게 그리스도인이 되는 법을 설명해 준다. 따로 상담해 줄 사람을 정해 주고 궁금한 점이 있으면 물어보도록 격려한다.

이 시간 예수님을 마음에 모시고 싶은 친구는 함께 기도해요.

기도

하나님, 우리를 향한 하나님의 선하심과 신실하심을 찬양합니다. 우리 뜻대로 일이 이루어지지 않거나 겁이 날 때도 하나님이 여전히 우리를 지키고 용기를 주신다는 사실을 믿습니다. 하나님을 의지하며 날마다 믿음으로 살아가도록 함께해 주세요. 하나님의 큰 능력과 자비를 모르는 사람들에게 복음을 전할 수 있도록 도와주세요. 예수님의 이름으로 기도합니다. 아멘.

적용

TIP 설교 도입이나 적용으로 활용하거나 영상을 본 뒤 소그룹으로 나누어 풍성한 대화를 이어 갈 수 있습니다.

사람들에게 예수님을 전하는 것이 중요하다고 생각하나요? 사람들이 겪는 어려움이 해결되도록 돕는 것은 어떤가요? 오늘의 영상을 보면서 함께 생각해 보아요.

적용 예화 영상(지도자용 팩)을 보여 준 후, 다음의 질문으로 이야기를 나눈다.

1 오늘날 그리스도인들이 용기를 잃게 만드는 상황은 어떤 것들이 있을까요?

2 어려운 상황에서도 우리는 왜 포기하지 않을까요?

용기를 잃으면 다른 사람에게 예수님을 전하는 삶을 살기 힘들 수 있어요. 하나님은 다른 사람들도 예수님을 믿고 영원히 하나님과 함께 살 수 있도록 우리가 예수님을 전하기를 바라세요. 하나님의 계획은 선하고, 하나님은 믿고 의지할 수 있는 분이에요. 어려운 상황에서도 우리는 하나님이 자신을 영화롭게 하고 세상에 생명을 주기 위해 하나님의 백성을 통해 일하신다는 것을 확신할 수 있어요.

가스펠 소그룹
10~20분

 나침반

로마를 향해

[준비물] 학생용 교재 18쪽, 97쪽 '짝 찾기' 스티커

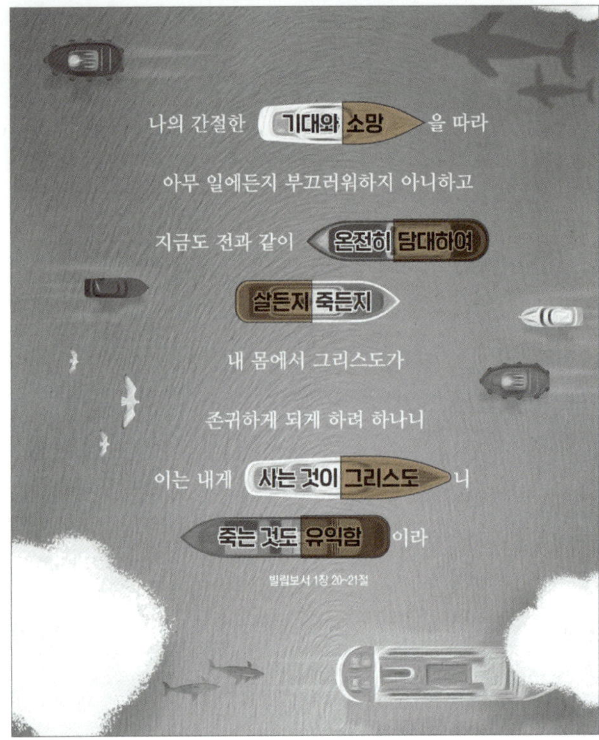

① 97쪽의 '짝 찾기' 스티커를 알맞게 붙여 빌립보서 1장 21절을 완성해 보라고 한다.

② 완성한 성경 구절을 여러 번 읽으며 외우게 한다.

— 바울은 죽는 것조차 좋은 일이 될 수 있다는 것을 알았어요. 죽은 후에는 예수님과 영원히 함께할 수 있으니까요! 바울은 예수님이 자신을 죄에서 구하신 사실을 알기 때문에 죽음을 두려워하지 않고 복음을 전했어요.

 보물 지도

이야기 순서대로!

[준비물] 성경, 종이, 색연필

① 아이들에게 오늘의 성경 이야기가 성경 어느 책에 나오는지 물어본다. (사도행전)

② 사도행전에는 초대교회 이야기와 복음이 전 세계에 퍼져 나가는 이야기가 실려 있다고 설명해 준다.

③ 아래 글을 순서대로 읽어 주고, 4컷의 그림을 그려 보라고 한다.

  1. 바울이 죄수의 신분으로 로마에 가는 배를 탔어요.

  2. 풍랑 때문에 바람과 파도가 거세어져서 항해가 어려웠어요.

  3. 하나님이 바울에게 천사를 보내 바울과 배에 있는 모든 사람을 지킬 것이니 두려워하지 말라고 말씀하셨어요.

  4. 바울과 배에 탄 사람들은 모두 안전하게 섬에 도착했어요.

— 바울은 하나님이 자신을 지키실 것을 믿고 의지했어요. 하나님은 믿고 의지해도 되는 분이라고 확신했지요. **하나님은 바울이 로마 황제 앞에 설 수 있도록 그를 지키셨어요.** 우리는 어려움이나 고통을 겪을 때 하나님이 선하신 분이라는 사실과 하나님이 자녀인 우리를 돌보실 것이라는 사실을 확신할 수 있어요.

 탐험하기

풍랑 속에서도

[준비물] 학생용 교재 19쪽, 연필이나 색연필

① 돛에 적힌 단어 중 알맞은 단어를 빈칸에 넣어 가스펠 링크를 완성하게 한다.

② 완성한 글을 함께 읽고, 하나님이 하신 일이 무엇인지 이야기를 나눈다.

—— **하나님은 바울이 로마 황제 앞에 설 수 있도록 그를 지키셨어요.** 바울은 하나님이 그들을 풍랑에서 구하겠다고 하신 약속을 지키실 것이라고 믿었어요. 선원들에게 하나님을 믿으라고 용기를 북돋워 주었지요. 하나님은 죽으시고 부활하신 예수님을 믿으며 다른 사람들에게 이 기쁜 소식을 전하도록 우리를 부르셨어요. 우리는 예수님이 우리를 구원하시고, 우리 삶을 인도하신다는 것을 믿어요.

풍랑 속의 배 *

① 아이들을 2~3줄로 앉히고, 우리는 지금 '가스펠 호'라는 배에 탔으며, 이제 로마로 출발한다고 말해 준다.

② 인도자가 특정한 상황을 말하면, 그 상황에 맞는 반응을 해 보라고 한다.

· 왼쪽에 파도: 배의 왼쪽에 큰 파도가 치는 듯이 몸을 오른쪽으로 기울인다.

· 오른쪽에 파도: 배의 오른쪽에 큰 파도가 치는 듯이 몸을 왼쪽으로 기울인다.

· 돛을 올려라: 모두 일어선다.

· 거대한 파도: 파도를 타고 올라가듯이 몸을 뒤로 젖혔다가 파도를 타고 내려가듯이 앞으로 기울인다.

· 소용돌이: 일어서서 제자리에서 한 바퀴 돈 다음 다시 앉는다.

③ 여러 가지 상황을 말하고 아이들이 반응하게 한다.

TIP 항해하는 분위기의 노래를 틀어 놓고 놀이를 진행해도 좋다.

—— 정말 재미있는 놀이였지요? 하지만 진짜 풍랑이 몰아치는 바다 위에 있다면 겁나고 무서웠을 거예요! 누구나 살면서 어렵고 무서운 일을 만나요. 하지만 그런 상황에서도 하나님은 선하신 분이고 하나님의 영광과 우리의 유익을 위해 모든 일을 이루신다는 사실을 믿고 의지할 수 있어요. 우리의 소망은 이 땅에 있지 않고 예수님에게 있어요. 예수님이 다시 오셔서 세상의 모든 것을 바로잡으시는 날, 우리는 영원히 예수님과 함께 살게 될 거예요.

난파선 만들기 *

[준비물] 종이 접시, 가위, 크레파스, 사인펜, 공작용 나무 막대기, 풀

① 종이 접시를 반으로 잘라, 아이들에게 한 조각씩 나누어 준다.

② 종이 접시가 배처럼 보이도록 꾸며 보라고 한다.

③ 나무 막대기를 부러뜨린 후 배의 가장자리를 따라 풀로 붙여 배가 부서진 것처럼 보이게 만들라고 한다.

④ 완성한 배 뒷면에 주제 문장을 쓰게 한다.

—— 배에 있던 군인들과 선원들은 풍랑 속에서 죽을까 봐 겁이 났어요. 그들은 하나님이 하시는 일을 볼 수 없었기 때문이지요. 하지만 하나님은 바울을 통해 그들이 하나님을 믿고 의지하도록 격려하셨어요. 바울은 무서운 풍랑 한가운데서 사람들이 예수님을 바라볼 수 있도록 도와주었어요. **하나님은 바울이 로마 황제 앞에 설 수 있도록 그를 지키셨어요.** 우리도 어려운 일을 만날 때 예수님을 믿고 의지할 수 있어요. 그리고 다른 사람들이 예수님을 믿고 의지할 수 있도록 도와주어야 해요.

보물 상자

나만의 기록장

[준비물] 학생용 교재 20쪽, 연필이나 색연필

성경 이야기를 통해 알게 된 것을 글이나 그림으로 표현해 보라고 한다.

· 이 성경 이야기를 통해 하나님이나 복음에 대해 알게 된 사실은 무엇인가요?

· 이 성경 이야기를 통해 나에 대해 알게 된 사실은 무엇인가요?

· 이 성경 이야기를 통해 기억해야 할 하나님의 말씀은 무엇인가요?

메시지 카드

이번 주 메시지 카드로 부모님과 함께 오늘 배운 성경 이야기를 나누어 보라고 한다.

기도

하나님, 어떤 상황에서도 선하시며 약속을 지키시는 하나님을 찬양합니다. 바울이 풍랑 속에서도 하나님을 믿고 의지한 것처럼 우리도 언제나 하나님을 의지할 수 있도록 함께해 주세요. 성령님이 주시는 용기로 사람들에게 복음을 전할 수 있도록 인도해 주세요. 예수님의 이름으로 기도합니다. 아멘.

4

바울이 감옥에서도 하나님을 찬양했어요

빌 1:12~30

바울은 로마에서 죄수의 신분으로 가택에 연금되어 있는 동안 빌립보 성도들에게 편지를 썼습니다. 그가 빌립보에 교회를 세운 것은 10년 전이었습니다. 바울의 편지는 감사와 기쁨으로 시작합니다. 바울의 긴 수감 기간을 생각할 때 이는 참으로 놀라운 반응입니다. 그는 지금 로마 황제 앞에서 재판을 받기 위해 기약 없이 기다리고 있는 상황이었습니다.

사람들 사이에 바울이 왜 죄수가 되었는지에 관한 이야기가 퍼졌습니다. 황제의 근위대 전체가 바울이 예수님을 따른다는 이유로 붙잡힌 것을 알고 있었습니다. 실패의 연속으로 보이는 바울의 고난은 오히려 복음이 더욱 널리 퍼지게 했습니다. 바로 이런 이유로 바울은 기뻐했던 것입니다.

우리 삶에 찾아온 고난을 생각해 보십시오. 고난이 닥치면 대부분 어떻게 반응합니까? 고난에 대한 반응을 보면 어떤 믿음을 가지고 있는지 알 수 있습니다. 삶에서 무엇을 가장 소중하게 여기는지도 알 수 있습

니다.

바울이 어떠한 혼란과 고난에 둘러싸여 있다 해도 복음은 전파되고 있으며, 예수님이 주님이시고, 바울이 주님을 알았다는 것은 변함없는 사실이었습니다. 이렇게 영원에 기초한 관점이 바울의 평안과 기쁨의 핵심 요소였습니다. 하나님은 바울이 겪고 있는 어려운 상황을 사용해 복음이 전파되고 교회가 세워지게 하셨습니다. 바울은 예수님이 세상을 구원하기 위해 고난을 당하셨던 것처럼, 하나님의 일을 하는 그리스도인들도 고난을 겪을 것이라는 사실을 알고 있었습니다.

● ● 티칭 포인트

아이들을 가르칠 때, 기쁨은 성령의 열매 중 하나라는 점을 떠올려 주십시오(갈 5:22 참조). 기쁨은 하나님을 알고 섬기는 데서 오는 즐거움이라는 것도 설명해 주십시오. 바울은 아주 영적이거나 단순히 자신의 상황에 대해 낙천적이었기 때문에 기쁨을 쥐어 짜낸 것이 아닙니다. 그가 기뻐할 수 있었던 것은 예수님에게 집중했기 때문입니다.

고난 속에 기쁨이 있다고 비통함과 고통이 사라지는 것은 아닙니다. 하지만 기쁨은 어려운 상황에서도 소망을 줍니다. 이 기쁨은 모든 것을 하나님의 영광과 우리의 유익을 위해 행하시는 하나님의 신실하심에 기초를 두고 있습니다.

주 제

바울은 빌립보 성도들에게 고난 속에서도 기뻐하라고 말했어요.

가스펠 링크

바울은 예수님이 세상을 구원하기 위해 고난을 당하셨던 것처럼, 하나님의 일을 하는 그리스도인들도 고난을 겪을 것이라고 말했어요.

바울이 감옥에서도 하나님을 찬양했어요 빌 1:12~30

바울은 로마에서 죄수의 신분으로 지내고 있었어요. 잘못한 일이 없는데도 유대인들은 바울을 죽이려고 했어요. 예수님이 죽은 자 가운데서 살아나셨다고 믿고 가르쳤기 때문이에요. 많은 사람이 부활을 믿지 않았어요.

이제 바울은 로마 황제에게 재판받을 날을 기다리고 있었어요. 그리스도인들이 바울을 찾아오거나 그에게 선물을 보냈어요. 감옥에 있는 동안 바울은 빌립보 성도들에게 편지를 보냈어요. 보내 준 선물에 감사하는 인사와 자신의 일에 관한 이야기를 썼지요.

바울은 "형제 여러분, 비록 유대인들이 나를 막으려고 했지만 나에게 일어난 모든 일이 사실은 더 많은 사람에게 예수님에 관한 기쁜 소식을 전하는 데 도움이 되었다는 사실을 여러분이 알기를 바랍니다. 이제 궁전의 *친위대가 복음을 알게 되었고, 다른 성도들도 두려움 없이 복음을 전하고 있습니다"라고 했어요. 이 모든 일은 바울이 죄수였기 때문에 일어난 일이었어요.

"나를 위해 기도해 주어서 감사합니다. 하나님이 성령님을 내게 보내서 도우신 것을 압니다. 앞으로도 어떤 일이 닥쳐도 절대로 두려워하거나 부끄러워하지 않기를 소망합니다. 살든지 죽든지 담대하게 주님을 높이고 싶습니다."

"내게는 사는 것이 그리스도이시니, 죽는 것도 유익합니다. 나는 살아도 예수님을 위해 사는 것이고, 예수님을 위해 죽는다 해도 예수님과 영원히 함께하게 될 것입니다." 하지만 바울은 자신이 살아서 빌립보 성도들을 돕고 용기를 북돋워 주는 것이 그들에게 더 필요할 것이라고 말했어요.

"어떤 상황에서도 그리스도의 복음을 따르는 삶을 사십시오. 그러면 내가 여러분과 함께 있든지 떠나 있든지 여러분이 힘을 합쳐 예수님에 관한 좋은 소식을 전한다는 말을 듣게 될 것입니다."

바울은 하나님의 일을 방해하는 사람들을 두려워하지 말라고 말했어요. "하나님을 믿는 것뿐만 아니라 하나님을 위해 고난받는 것도 하나님이 여러분에게 주신 일입니다"라고 했어요.

*친위대 : 왕이나 국가 지도자를 안전하게 지키는 군대

● ● 가스펠 링크

하나님은 바울이 겪고 있는 어려운 상황을 사용해 복음이 전파되고 교회가 세워지게 하셨어요. 바울은 예수님이 세상을 구원하기 위해 고난을 당하셨던 것처럼, 하나님의 일을 하는 그리스도인들도 고난을 겪을 것이라고 말했어요.

👑 환영

도착하는 아이들을 반갑게 맞이하고 헌금, 출석, QT 등을 확인하며 격려한다. 새 친구가 있다면 소개한다. 편안한 분위기에서 안부를 물으며 오늘의 말씀과 관련된 화제로 이야기를 나눈다. 아이들에게 언제 가장 기쁜지 물어본다. 자발적으로 대화에 참여하도록 이끈다.

예) "언제 가장 기뻤나요?", "어떤 상황에서도 기뻐 할 수있나요?" 등.

―― 어떤 상황에서도 기뻐할 수 있을까요? 여러분에게 힘든 일이, 어려운 일이 생겼다면 기뻐할 수 있을까요? 오늘 성경 이야기에 나오는 바울은 감옥에 갇혀 있으면서도 기뻐했다고 해요. 어떻게 그럴 수 있었을까요?

💝 마음 열기

표정으로 말해요 ＊

① 아이들에게 감정을 표현하는 표정을 지어 보게 한다.

② 인도자가 "슬픔"이라고 말하면, 모두 슬픈 표정을 짓게 한다.

③ 인도자가 다양한 감정을 말하며 아이들과 표정 이모티콘 놀이를 한다.

　　예) 기쁨, 슬픔, 당황, 놀람, 아픔, 화남 등.

TIP 휴대전화 이모티콘을 보여 주며 다양한 표정을 표현하게 해도 좋다.

―― 이모티콘은 기쁘거나, 슬프거나, 화난 감정들을 표현해요. 우리 기분은 상황에 따라 달라 지기도 해요. 시험 성적이 좋으면 기분이 좋고, 언니나 형이 재미있는 장난감을 혼자만 가지고 놀려고 하면 화가 나지요. 하지만 우리는 어떤 상황에서도 기뻐할 수 있다는 것을 알고 있나요? 다른 감정과 다르게 기쁨은 상황에 따라 변하지 않아요. 오늘 성경 이야기를 들으면서 좀 더 자세히 알아보아요.

감정 표현하기 ＊

[준비물] 종이, 연필

① 아이들에게 종이를 나누어 주고, 반으로 접었다가 다시 펴라고 한다.

② 왼쪽에는 기분 좋게 만드는 것, 오른쪽에는 슬프게 만드는 것을 글이나 그림으로 표현해 보라고 한다.

③ 한 명씩 완성한 그림을 발표하게 한다.

―― 기분 좋은 일이 있을 때도 슬픈 일이 있을 때도 우리는 언제나 기뻐할 수 있다는 것을 알고 있나요? 오늘은 바울이 감옥에 갇혀 있으면서도 기뻐한 이야기를 들을 거예요. 바울은 어떻게 기뻐할 수 있었을까요?

교사를 위한 기록장 이 과를 준비하면서 깨닫게 된 묵상을 정리해 보세요.

· 하나님이나 나에 대해 새롭게 알게 된 것은?

· 기억해야 할 하나님의 말씀은?

· 아이들에게 전하고 싶은 메시지는?

가스펠 설교

15~30분

🪧 들어가기

[준비물] 낡고 찢어진 옷, 수건

낡고 찢어진 옷을 입고, 머리에 수건을 두르고 들어온다.

안녕하세요, 여러분! 다시 만나서 정말 반가워요! 사실 이번 주는 너무 힘이 빠졌거든요. 이 섬을 절대로 떠날 수 없을 것 같아서 말이에요! 집에 있는 따뜻한 침대도 그립고, 제가 기르던 귀여운 강아지도 보고 싶어요. 심지어 장난꾸러기 동생도 보고 싶고요. 이런 일이 있을 거라고는 꿈에도 생각하지 못했는데…. 정말 힘드네요. 혹시 여러분은 힘이 빠지거나, 좋지 않은 일이 있을 때도 기뻐할 수 있나요? *아이들의 대답을 기다린다.* 맞아요. 힘든 일이 있는데 기뻐하기는 정말 쉽지 않아요. 그런데 오늘 성경 이야기에 나오는 바울은 감옥에 갇혀 있으면서도 하나님을 찬양하며 기뻐했대요. 감옥에 갇혔는데 기뻐할 수 있다는 것이 상상이 되지 않아요. 어떻게 기뻐할 수 있었는지 바울의 비결을 함께 알아보아요!

🔄 연대표

사람들이 바울을
막으려 했어요

바울이 통치자들 앞에
섰어요

바울이 로마에
가게 되었어요

바울이 감옥에서도
하나님을 찬양했어요

연대표에서 지난 성경 이야기들을 가리킨다. 그동안 바울의 이야기들을 살펴보았어요. 바울은 예수님을 사랑했고, 만나는 모든 사람에게 복음을 전하고 싶어 했지요. 지난 몇 주간 배운 성경 이야기를 함께 살펴보아요. 제가 제목을 말하면 여러분이 주제를 말하는 거예요. 준비되었나요?

"사람들이 바울을 막으려 했어요" **사람들이 바울을 막으려 했지만 하나님은 바울이 예수님을 계속 전할 수 있도록 지켜 주셨어요.**

"바울이 통치자들 앞에 섰어요" **바울이 총독들과 왕 앞에서 예수님을 전했어요.**

"바울이 로마에 가게 되었어요" **하나님은 바울이 로마 황제 앞에 설 수 있도록 그를 지키셨어요.**

정말 잘했어요! 모두 잘 기억하고 있군요. 그다음 바울에게 어떤 일이 일어났는지 알아보아요. *연대표에서 오늘의 성경 이야기를 가리킨다.* 이번 주 성경 이야기의 제목은 "바울이 감옥에서도 하나님을 찬양했어요"예요.

💡 성경의 초점

본격적으로 이야기를 시작하기 전에, 1단원 '성경의 초점'을 함께 말해 볼까요? **우리는 언제 예수님을 전해야 하나요? 언제나 어떤 상황에서도 예수님을 전해야 해요.** 예수님을 알면 진정한 기쁨을 경험할 수 있어요. 우리가 무슨 일이 있어도 다른 사람에게 전하려고 하는 것이 바로 그 기쁨이지요!

📖 성경 이야기

빌립보서 1장 12~30절을 펴고, 설교 영상(지도자용 팩)을 보여 주거나 이야기 성경을 들려준다. 인도자가 바울의 편지를 읽으면, 바울 역할을 맡은 교사가 편지를 읽는 것처럼 입을 움직이게 한다. 또는 바울이 쓴 편지 내용을 읽을 때 등을 곧추세우고 자신감 있는 목소리로 말한다. 감옥에 갇히면 어떨 것 같나요? *아이들의 대답을 기다린다.* 감옥 안에서 기뻐할 수 있나요? *아이들의 대답을 기다린다.* 맞아요. 쉽지 않아요. 그런데 바울은 기뻐했어요! **바울은 빌립보 성도들에게 고난 속에서도 기뻐하라고 말했어요.** 비록 죄수의 신분으로 갇혀 있었지만, 그는 하나님이 영광을 받으신다는 것을 알았어요. 그래서 고난을 받으면서도 여전히 기뻐했지요. 바울은 죽는다고 해도 예수님과 함께하게 된다는 것을 알았어요! 바울은 오직 예수님만 생각했어요. 그래서 자신이 겪는 시험과 어려움이 어떤 방식으로 하나님을 영화롭게 하는지를 이해했지요. 바울이 감옥에 갇혔기 때문에 많은 사

람이 복음을 듣게 되었어요. 총독, 왕, 군인, 간수, 선원 같은 사람들이 모두 예수님에 관해 들었지요. 바울이 많은 어려움을 겪으면서도 하나님을 믿고 의지했기 때문이에요. 기뻐하라는 것은 사실은 슬픈데 웃는 표정을 지으라는 말이 아니에요. 아무리 슬퍼도 하나님이 모든 것을 다스리신다는 것을 믿고 의지하며 하나님을 바라볼 때 우리는 기뻐할 수 있어요. 언젠가 하나님이 모든 것을 바로잡으시고 우리가 영원히 하나님과 함께하게 될 것이라는 소망을 가질 때 기뻐할 수 있어요. 바울은 소망이 있었기 때문에 크게 기뻐할 수 있었던 거예요.

 가스펠 링크

바울은 하나님이 자신의 인생을 완전히 다스리신다는 사실을 믿고 의지했어요. 하나님은 바울이 겪고 있는 어려운 상황을 사용해 복음이 전파되고 교회가 세워지게 하셨어요. 바울은 예수님이 세상을 구원하기 위해 고난을 당하셨던 것처럼, 하나님의 일을 하는 그리스도인들도 고난을 겪을 것이라고 말했어요.

이 말은 우리도 예수님을 위해 살다가 고난을 받을 수 있다는 뜻이에요. 그렇다고 우리가 기뻐할 수 없는 것은 아니에요. 우리 기쁨은 하나님께 순종하고, 하나님이 영광을 받으신다는 것을 아는 데 있어요. 바울과 마찬가지로 우리의 소망도 예수님과 영원히 함께할 장래에 있어요.

 복음 초청

이 시간 예수님을 마음에 모시고 싶은 친구는 함께 기도해요.

 기도

온 세상을 다스리시는 하나님을 찬양합니다. 예수님 안에 있는 생명을 우리에게 주시고 영원히 하나님과 함께할 수 있다는 소망을 주셔서 감사합니다. 우리 안에 기쁨이 넘치게 해 주시고, 우리 삶을 하나님께 맡기고 믿음으로 살아가도록 성령님 인도해 주세요. 예수님의 이름으로 기도합니다. 아멘.

 적용

TIP 설교 도입이나 적용으로 활용하거나 영상을 본 뒤 소그룹으로 나누어 풍성한 대화를 이어 갈 수 있습니다.

큰 기쁨을 느꼈던 적이 있나요? 무엇 때문에 기뻤나요? 그 경험을 떠올리면서 오늘의 영상을 함께 보아요.

적용 예화 영상(지도자용 팩)을 보여 준 후, 다음의 질문으로 이야기를 나눈다.

1 실망스러운 상황에서 어떻게 기뻐할 수 있을까요?

2 행복을 느끼는 것과 진정한 기쁨을 누리는 것의 차이는 무엇일까요?

기쁨과 행복을 다른 것으로 생각하려니 조금 헷갈리지요? 이 둘의 차이는 무엇일까요? 기쁨은 그리스도 안에 있는 상태에서 누리는 거예요. 하나님이 어떤 분인지 그리고 하나님이 우리에게 약속하신 것이 무엇인지 아는 데에서 생겨요. 기쁨은 예수님을 믿고 의지하는 데에서 생기는 것이에요. 행복은 만족스러운 상황이 주어질 때 느끼는 좋은 감정이지요. 하지만 행복은 잠시 있다가 사라지고 상황에 따라 달라져요. 그리스도인들은 슬플 때도 기뻐할 수 있어요. 예수님이 우리의 왕이라는 것과 우리가 영원히 예수님과 함께 살게 될 것을 알기 때문이지요.

가스펠 소그룹

 ## 나침반

사슬 암송

[준비물] 1단원 암송(129쪽), 종이, 가위, 펜, 풀

① 종이를 길게 잘라 암송 구절을 한 어절씩 적어 둔다. 인원수대로 여러 세트를 준비한다.

② 아이들에게 종이와 풀을 나누어 주고, 암송 구절 순서대로 종이를 사슬 모양으로 만들어 연결해 보라고 한다.

③ 아이들이 참고할 수 있도록 1단원 암송을 보여 준다.

▬ 우리가 만든 종이 사슬을 보면 감옥에 갇힌 바울이 생각나요. **바울은 빌립보 성도들에게 고난 속에서도 기뻐하라고 말했어요.** 바울은 자신이 살든지 죽든지 상관하지 않고 기뻐했어요. 살게 되면 사람들에게 계속해서 예수님을 가르칠 수 있을 것이고, 죽게 되면 예수님과 함께할 수 있을 테니까요.

 ## 보물 지도

정답을 맞혀요!

[준비물] 학생용 교재 24쪽, 연필이나 색연필, 성경

	참	거짓
빌립보서는 빌립이 썼어요. (빌립보서 1장 1절)		◯
바울은 지금 자신을 위해 어려움을 겪고 있다고 말했어요. (빌립보서 1장 12절)		◯
바울은 감옥에서 빌립보 성도들에게 편지를 썼어요. (빌립보서 1장 13절)	◯	
바울은 죽어서 예수님과 함께 있는 것이 좋은 일이라고 말했어요. (빌립보서 1장 23절)	◯	
바울은 예수님의 영광을 위해 사는 것이 슬픈 일이라고 말했어요. (빌립보서 1장 24~25절)		◯
바울은 빌립보 성도들에게 복음을 따르는 삶을 살라고 했어요. (빌립보서 1장 27절)	◯	

① 아이들에게 빌립보서 1장 12~30절을 찾아 읽으라고 한다.

② 문장을 읽고 맞으면 참, 틀리면 거짓에 ◯표 하라고 한다.

③ 바울이 어려운 상황에서도 예수님을 전했다는 사실을 상기시킨다.

▬ **우리는 언제 예수님을 전해야 하나요? 언제나 어떤 상황에서도 예수님을 전해야 해요.** 바울은 예수님을 믿고 의지하며, 예수님에게 소망을 두었어요. 바울에게는 다른 사람에게 예수님을 전하는 일, 즉 예수님이 사람들을 죄에서 구하려고 이 땅에 오신 이야기를 전하는 것을 소중하게 여겼어요. 그것이 세상에서 가장 중요한 일이었지요! 바울은 하나님이 모든 것을 다스리신다는 것을 알았기 때문에 감옥에 갇혀 있으면서도 기뻐했어요.

 ## 탐험하기

이모티콘 속에

[준비물] 학생용 교재 25쪽, 연필이나 색연필

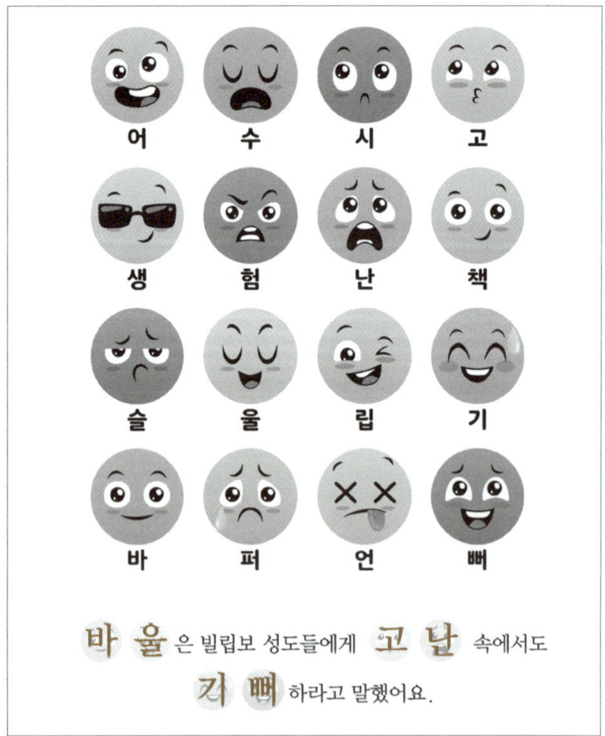

① 이모티콘 암호를 풀어 '주제 문장'을 완성해 보라고 한다.

② 다 함께 1단원 '성경의 초점'을 외우고, 바울의 메시지에 관해 이야기를 나누어 본다.

▬ 우리는 상황에 따라 기분이 달라져요. 기분이 바뀔 때

마다 화가 나는 표정, 짜증이 나는 표정, 당황하는 표정 등 다양한 표정을 짓지요. 바울이 복음을 전하다가 감옥에 갇히는 이야기를 들으면 여러분은 어떤 표정을 지을까요? 아이들의 대답을 기다린다. 복음을 전하다가 어려움을 겪게 되면 여러분은 어떤 표정을 지을까요? 아이들의 대답을 기다린다. 바울은 어렵고 힘든 일을 겪을 때도 언제나 기뻐하며 예수님을 전했어요. 우리도 항상 기뻐하는 하나님의 자녀가 되면 좋겠어요. **우리는 언제 예수님을 전해야 하나요? 언제나 어떤 상황에서도 예수님을 전해야 해요.**

좋은 일, 슬픈 일 *

[준비물] 종이, 마커

① 종이에 웃는 얼굴과 찡그린 얼굴을 그린 후, 예배실 벽에 각각 붙여 둔다.

② 인도자가 어떤 상황을 말한 뒤, 그 상황이 웃게 만드는지 찡그리게 만드는지 해당하는 곳으로 이동하라고 한다.

　　예) 놀이동산에 가는 것, 아픈 것, 학교 식당에서 밥 먹는 것, 책을 읽는 것, 시험을 망치는 것, 경기에서 이기는 것, 바울과 같은 상황(감옥에 갇힘, 배가 부서짐, 복음 전하기) 등.

③ 아이들이 모두 움직이면, 왜 그 표정을 선택했는지 물어본다.

　— 이런 상황들은 우리를 기분 좋게 만들기도 하고 슬프게 만들기도 해요. 바울은 복음을 전하다가 감옥에 갇혔어요. 대부분 사람은 이런 상황에서 슬퍼해요. 하지만 **바울은 빌립보 성도들에게 고난 속에서도 기뻐하라고 말했어요.** 바울은 자신이 예수님과 하나가 되었기 때문에 기뻤어요. 예수님이 자기를 죄와 죽음에서 구하셨기 때문에 무슨 일이 생겨도 여전히 기뻐할 수 있다는 것을 알았지요.

모자이크 십자가 *

[준비물] **크고 두꺼운 종이, 사인펜, 여러 색깔 습자지, 풀**

① 종이에 십자가 모양의 테두리를 그린다.

② 아이들에게 습자지를 작게 찢은 다음 여러 색깔을 섞어 십자가 안에 붙이라고 한다.

③ 완성한 모자이크 십자가를 보고 어떤 느낌이 드는지 이야기를 나눈다.

　— 우리 삶이 이 찢어진 종잇조각처럼 느껴질 때가 있어요. 특히 슬프거나, 화가 나거나, 힘든 일을 겪을 때 그렇지요. 하지만 찢어진 조각들로 만든 아름다운 십자가를 보세요! 하나님은 고통받는 우리를 아름답게 변화시킬 수 있으세요. 우리가 예수님에게 소망을 둘 때 말이에요. 예수님이 우리를 위해 하신 일 덕분에 우리는 어떤 상황에서도 기뻐할 수 있어요.

보물 상자

나만의 기록장

[준비물] 학생용 교재 26쪽, 연필이나 색연필

성경 이야기를 통해 알게 된 것을 글이나 그림으로 표현해 보라고 한다.

· 이 성경 이야기를 통해 하나님이나 복음에 대해 알게 된 사실은 무엇인가요?

· 이 성경 이야기를 통해 나에 대해 알게 된 사실은 무엇인가요?

· 이 성경 이야기를 통해 기억해야 할 하나님의 말씀은 무엇인가요?

메시지 카드

이번 주 메시지 카드로 부모님과 함께 오늘 배운 성경 이야기를 나누어 보라고 한다.

기도

하나님, 감옥에 갇힌 상황에서도 예수님으로 인해 기뻐하는 바울의 모습을 보았습니다. 예수님이 십자가 사랑을 기억하며, 예수님 한 분만으로 기뻐할 수 있는 우리가 되도록 함께해 주세요. 우리의 마음을 지키시고, 예수님을 믿음으로 우리 안에 언제나 기쁨이 넘치기를 소망합니다. 예수님의 이름으로 기도합니다. 아멘.

5

바울이 예수님에 관해 일깨워 주었어요

골 1:15~2:3

바울은 죄수의 신분으로 로마에 도착한 지 얼마 지나지 않아 골로새 교회에 편지를 썼습니다. 골로새 교회에 들어온 잘못된 가르침을 바로잡고 성도들이 올바른 삶을 살도록 격려하기 위해서였습니다. 예수님이 어떤 분인지 잘 설명해 놓은 골로새서 1장 15~20절에 집중해 봅시다.

예수님을 따른다는 것이 무슨 의미인지 알기 위해 애쓰던 골로새 성도들에게 바울의 가르침은 중요했습니다. 그들은 복음을 깨닫고 무엇이 진리인지를 분별하기 위해 고군분투하고 있었습니다. 이것은 오늘날의 그리스도인들이 당면한 질문이기도 합니다. 예수님은 누구인가? 복음은 무엇인가? 하나님과 나에 관한 진실은 무엇인가?

● ● 티칭 포인트

아이들에게 골로새 교회에 보낸 바울의 편지를 가르치기 전에, 기도로 성령님의 도움을 구하십시오. 예수님이 높여지고 소중히 여겨지기를 기도하십시오. 말씀을 준비하는 동안 이 점을 계속해서 명심해야 합니다.

첫째, 예수님은 보이지 않는 하나님의 형상이십니다 (골 1:15 참조). 하나님이 어떤 분인지 알고 싶다면 예수님을 보면 됩니다. 예수님의 삶과 가르침은 하나님에 관한 진실을 말해 줍니다. 예수님에게는 하나님의 본성이 투영되어 있습니다(히 1:3 참조). 예수님 자신도 "나를 본 자는 아버지를 보았"다고 말씀하셨습니다(요 14:9).

둘째, 예수님은 창조자이십니다(골 1:16~17 참조). 예수님이 모든 것을 창조하셨고, 모든 것을 책임지십니다. 눈에 보이지 않는 것조차 말입니다! 예수님이 모든 것을 다스리시고 유지하십니다. 예수님이 중심에 계시기 때문에 우리는 삶이 힘들 때에도 예수님 안에서 위안을 얻을 수 있습니다.

셋째, 예수님은 왕이십니다(골 1:18 참조). 사실 우리는 하나님의 나라에 살고 있습니다. 하나님을 위해 살지 않고 자신을 위해 사는 것은 죄입니다. 죄는 왕에 대한 반역입니다. 우리는 죄 때문에 죽어야 하는 자들이지만 기쁜 소식, 즉 복음은 예수님이 죄인들을 구하러 오셨다고 말합니다.

바울은 예수님을 소중히 여겼습니다. 예수님은 누구보다도 그 무엇보다도 뛰어난 분이기 때문입니다. 예수님은 우리와 우리의 구원을 포함한 모든 것에 대한 권한을 가지고 계십니다. 예수님은 위대한 분이십니다. 예수님이 우리의 모든 것이 되십니다.

주 제

바울은 예수님이 누구보다도 그 무엇보다도 뛰어난 분이라고 말했어요.

가스펠 링크

바울은 성도들에게 예수님의 위대하심과 권능을 일깨워 주며 용기를 북돋워 주었어요. 예수님만이 우리의 모든 것이 되세요.

바울이 예수님에 관해 일깨워 주었어요 골 1:15~2:3

바울이 죄수의 신분으로 로마에서 지낼 때, 사람들이 바울을 찾아와 여러 지역의 성도들이 어떻게 지내는지 소식을 전해 주었어요. 그래서 바울은 성도들에게 용기를 북돋워 주기 위해 교회마다 편지를 보냈어요.

바울은 골로새 교회에도 편지를 썼어요. 골로새 성도들은 복음을 알고 있었지만, 거짓 교사들이 나타나 진리가 아닌 말로 성도들을 혼란스럽게 하고 있었어요. 어떤 사람들은 자기들만 아는 비밀스러운 복음이 따로 있다고 말했어요. 바울은 혼란에 빠진 성도들에게 예수님에 관한 진리를 일깨우는 편지를 썼어요.

"예수님은 하나님이 어떤 분인지 보여 주십니다.

하나님의 아들은 하나님이 만물을 창조하시기 전부터 계셨습니다. 그가 하늘과 땅의 모든 것, 눈에 보이는 것과 보이지 않는 것, 이 모든 것을 창조하셨습니다.

모든 것이 그를 위해 존재합니다. 예수님이 모든 것을 유지하십니다. 교회는, 즉 이 세상의 모든 그리스도인은 예수님의 몸이고, 예수님은 교회의 머리입니다.

하나님은 기꺼이 하나님의 아들을 이 땅에 보내 그의 십자가의 피로 사람들을 죄에서 구하셨습니다."

바울은 성도들에게 그들의 죄가 그들을 하나님으로부터 갈라놓았다는 점을 떠올려 주었어요. 원래는 하나님의 원수였지만 이제 예수님을 통해 용서와 구원을 얻은 거예요.

바울은 이미 그들에게 완전한 복음을 전했어요. 비밀스러운 복음이 따로 있다고 말하는 사람들은 모두 거짓말을 하고 있는 거예요.

바울이 말했어요. "힘을 내어 서로 사랑하십시오. 나는 여러분이 모두 예수님을 알게 되기를 바랍니다. 모든 지혜와 지식은 예수님 안에 있습니다."

● ● 가스펠 링크

바울은 성도들에게 예수님의 위대하심과 권능을 일깨워 주며 용기를 북돋워 주었어요. 예수님은 하나님의 아들이시고, 사람들을 죄에서 구원하기 위해 십자가에서 죽으셨어요. 복음은 진리예요. 예수님만이 우리의 모든 것이 되세요.

 **환영**

도착하는 아이들을 반갑게 맞이하고 헌금, 출석, QT 등을 확인하며 격려한다. 새 친구가 있다면 소개한다. 편안한 분위기에서 안부를 물으며 오늘의 말씀과 관련된 화제로 이야기를 나눈다. 아이들에게 자신에게 필요한 것과 자신이 원하는 것을 말해 보라고 한다. 자발적으로 대화에 참여하도록 이끈다.

예) "갖고 싶은 것이 있나요?", "그것이 왜 필요하다고 생각하나요?" 등.

—— 살아가기 위해서는 많은 것이 필요해요. 특히 음식이나 물은 다른 것보다 더 중요하지요. 우리에게 필요한 단 한 분이 있다면 바로 예수님이에요. 예수님은 우리를 하루하루 살아가게 하시는 분이에요. 이 말이 오늘 성경 이야기에서 좀 더 알아보기로 해요.

 **마음 열기**

나는 이것을 원해! ✽

[준비물] 의자(인원수보다 하나 적은 수)

① 의자가 안쪽을 향하도록 둥그렇게 배치한다.

② 술래를 한 명 정해 가운데 세우고, 나머지 아이들은 의자에 앉힌다.

③ 술래에게 가지고 싶은 물건을 한 가지 말하게 한다.

④ 앉아 있는 아이 중 같은 물건을 가지고 싶은 아이들은 모두 일어나 자리를 바꾸라고 한다. 이때 술래도 빈 의자에 앉아야 한다고 일러 준다.

⑤ 의자에 앉지 못한 아이가 새로운 술래가 되어 놀이를 다시 시작한다.

⑥ 정해진 시간 안에서 아이들이 한 번씩 술래를 해 보게 한다.

—— 우리는 원하는 것이 같을 때도 있고, 다를 때도 있었어요. 하지만 우리가 모두 간절히 원해야 하는 한 분이 계세요. 누구일까요? 오늘 성경 이야기를 통해 함께 알아보아요.

성경 속 인물 말하기 ✽

[준비물] 성경

① 아이들을 둥그렇게 앉힌다.

② 아이들이 생각하는 성경 속 위대한 인물은 누구인지 한 명씩 돌

아가며 말해 보게 한다.

③ '예수님'을 말한 아이가 있다면, 함께 예수님에 대해 생각하는 시간을 가진다.

④ 예수님이 나에게 하신 일은 무엇인지 이야기를 나누어 본다.

—— 성경에는 우리가 기억해야 할 사람이 많이 나와요. 그 중에서도 가장 깊이 생각해야 할 분은 예수님이에요. 예수님이 우리를 위해 어떤 일을 하셨는지 기억하나요? 아이들의 대답을 기다린다. 예수님의 사랑을 깨달은 바울은 사람들에게 예수님을 전하는 일에 자기 인생을 바쳤어요. 바울이 전하는 예수님의 이야기를 더 들어 볼까요?

교사를 위한 기록장 이 과를 준비하면서 깨닫게 된 묵상을 정리해 보세요.

· 하나님이나 나에 대해 새롭게 알게 된 것은?

· 기억해야 할 하나님의 말씀은?

· 아이들에게 전하고 싶은 메시지는?

가스펠 설교

 들어가기

[준비물] 낡고 찢어진 옷, 수건

낡고 찢어진 옷을 입고, 머리에 수건을 두르고 뛰어 들어온다. 숨을 헐떡이며 말한다. 아, 잘 됐다! 모두 여기 있었군요! 잠깐 숨 좀 돌릴게요. *두 손을 무릎에 올리고 허리를 숙여 깊게 호흡하며 숨을 고른다.* 여러분에게 정말 좋은 소식을 알려 주려고 여기까지 계속 달려왔어요! 어떤 배가 방금 우리 섬에 도착했대요! 우리 이제 살았어요! 너무 신나서 춤도 추고 노래도 부를 수 있을 거 같아요!

집에 돌아가자마자 맛있는 밥과 달콤한 초콜릿을 먹을 거예요. 그리고 시원한 에어컨 바람을 맞으며 제가 좋아하는 노래도 들을 거예요. 오랫동안 섬에 갇혀 있다 보니 그런 것들이 정말 그리워요. 사실 그 어떤 것보다 더 좋은 것이 항상 제 곁에 있긴 하지만요. 바로 예수님이에요! 예수님은 지금 여기에서도 저와 함께하세요. 집으로 돌아가기 위해 얼른 배에 타야 하지만, 그 전에 성경 이야기 하나 정도는 더 들을 수 있을 것 같아요. 한번 들어 볼래요?

연대표

연대표에서 지난 성경 이야기들을 가리킨다. 지난 몇 주간 바울에 관해 배웠어요. 처음에 바울은 그리스도인들을 미워해서 모두 잡아 가두려 했지만 예수님을 만난 후 완전히 변화되었어요. 예수님을 믿는 사람을 죽이는 대신 만나는 사람들에게 예수님을 전하고 싶어 했지요! 바울은 많은 지역을 돌아다니며 교회를 세웠어요. 또 교회가 믿음 안에서 든든히 설 수 있도록 편지를 써서 보냈지요. 오늘 성경 이야기는 바울이 골로새 성도들에게 쓴 편지에 나와요. *연대표에서 오늘의 성경 이야기를 가리킨다.* 제목은 "바울이 예수님에 관해 일깨워 주었어요"랍니다.

 성경의 초점

우리가 그동안 살펴본 '성경의 초점'은 무엇이었나요? *아이들의 대답을 기다린다.* **우리는 언제 예수님을 전해야 하나요? 언제나 어떤 상황에서도 예수님을 전해야 해요.** 바울에게는 예수님을 전하는 것이 큰 기쁨이었어요. 복음을 전하다가 감옥에 갇히게 된다 해도 말이에요. 바울은 예수님이 이 세상 무엇보다 위대한 분인 것을 알았어요!

 성경 이야기

골로새서 1장 15절~2장 3절을 펴고, 설교 영상(지도자용 팩)을 보여 주거나 이야기 성경을 들려준다. 바울이 예수님에 관해 이야기하는 부분에서 '예수님의 위대하심'(지도자용 팩)을 하나씩 들며 이야기를 전한다. 또는 바울의 편지가 나오면 자리에서 일어서거나 다른 곳으로 자리를 옮겨 편지를 읽는다.

바울은 골로새에 있는 성도들에게 편지를 보냈어요. 당시 골로새 교회에는 거짓 교사들이 나타나 복음에 다른 규칙들을 더하려고 했어요. 바울은 그리스도인들에게 복음은 옳은 일을 하느냐의 문제가 아니라, 예수님을 아느냐의 문제라는 것을 일깨워 주고 싶었어요. 그는 그리스도인들이 예수님이 누구신지, 예수님이 우리를 위해 어떤 일을 하셨는지 잘 알기를 바랐지요.

바울은 예수님이 누구보다도 그 무엇보다도 뛰어난 분이라고 말했어요. 바울은 골로새 성도들이 예수님이 우리의 구원자이시며 우리를 만족시킬 수 있는 유일한 분이라는 사실을 깨닫길 바랐어요. 예수님은 하나님이 우리를 죄에서 구하려고 오래전부터 계획하신 바로 그 구원자예요. 오직 예수님을 통해서만 영원히 하나님과 함께하는 삶을 얻을 수 있어요. 그동안 바울이 많은 시련과 어려움을 겪으면서도 어떻게 기뻐하며 하나님을 믿고 의지했는지 배웠어요. 우리가 배운 성경 이야기들은 모두 오늘 성경 이야기에서 바울이 가르치는 것과 관련이 있어요.

바울이 감옥에 갇히고, 배가 부서지고, 사람들이 자기를 죽이려 할 때도 용감하게 맞설 수 있었어요. 왜냐하면 그는 예수님을 최고의 선물로 얻을 것을 알았기 때문이에요. 예수님은 우리의 보물이에요. 예수님이 우리 삶의 중심에 계실 때 우리는 완전해져요.

가스펠 링크

바울은 성도들에게 예수님의 위대하심과 권능을 일깨워 주며 용기를 북돋워 주었어요. 예수님은 하나님의 아들이시고, 사람들을 죄에서 구원하기 위해 십자가에서 죽으셨어요. 복음은 진리예요. 예수님만이 우리의 모든 것이 되세요.

찬양

바울의 고백

예수님은 누구실까?
보이지 않는 하나님 형상
예수님은 누구실까?
온 세상의 창조주 그리스도

내 삶의 이유 되시며
내 죽음도 유익한 분
살아도 주 위해 죽어도 주 위해 살리

두려움 벗어 버리고
이 복음 전하는 이유
언제나 영원히 나와 함께하실
예수는 주

내 삶의 이유 되시며
내 죽음도 유익한 분
살아도 주 위해 죽어도 주 위해 살리

두려움 벗어 버리고
이 복음 전하는 이유
언제나 영원히 나와 함께하실 예수는 주.

복음 초청

성경과 53쪽 복음 초청 가이드를 이용해서 아이들에게 그리스도인이 되는 법을 설명해 준다. 따로 상담해 줄 사람을 정해 주고 궁금한 점이 있으면 물어보도록 격려한다.

이 시간 예수님을 마음에 모시고 싶은 친구는 함께 기도해요.

기도

하나님, 말씀으로 하나님을 더 많이 알려 주셔서 감사합니다. 예수님을 이 땅에 보내 우리를 죄에서 구원하시고, 우리를 하나님의 나라로 초대해 주셔서 감사합니다. 매 순간 하나님의 위대하심을 찬양하고, 우리를 위해 죽으신 예수님을 기억하며 예수님만을 높이는 우리가 되도록 성령님 함께해 주세요. 예수님의 이름으로 기도합니다. 아멘.

적용

TIP 설교 도입이나 적용으로 활용하거나 영상을 본 뒤 소그룹으로 나누어 풍성한 대화를 이어 갈 수 있습니다.

유명한 연기자나 가수를 만난 적이 있나요? 존경하는 사람을 만난다면 기분이 어떨까요? 오늘의 영상을 함께 보아요.

적용 예화 영상(지도자용 팩)을 보여 준 후, 다음의 질문으로 이야기를 나눈다.

1 유명한 사람을 직접 만난다면 무슨 말을 하고 싶나요?

2 왜 유명한 사람을 다른 사람과 다르게 대하고 싶은 마음이 들까요?

3 우리의 찬양을 받아야 할 유일한 분은 누구인가요?

4 바울은 왜 예수님을 귀하게 여겼을까요?

유명한 사람을 직접 만난다면 정말 신날 거예요. 유명한 사람 중에는 놀라운 일이나 어려운 일을 해내서 유명해진 이들도 있어요. 하지만 우리를 죄에서 구원하기 위해 십자가에서 죽으시고 죽은 자 가운데서 다시 살아나신 분은 예수님밖에 없어요. 오직 예수님만 우리에게 영원한 생명을 주시고 우리를 기쁨으로 채우실 수 있어요. **바울은 예수님이 누구보다도 그 무엇보다도 뛰어난 분이라고 말했어요.**

가스펠 소그룹

10~20분

 나침반

누구의 발자국일까?

[준비물] 학생용 교재 30쪽, 연필이나 색연필

① 사다리를 타고 내려가 발자국의 주인을 찾아보라고 한다.

② 발자국 그림에 알맞은 단어를 넣어 빌립보서 1장 20~21절을 완성하게 한다.

③ 완성한 말씀을 여러 번 읽으며 외우게 한다.

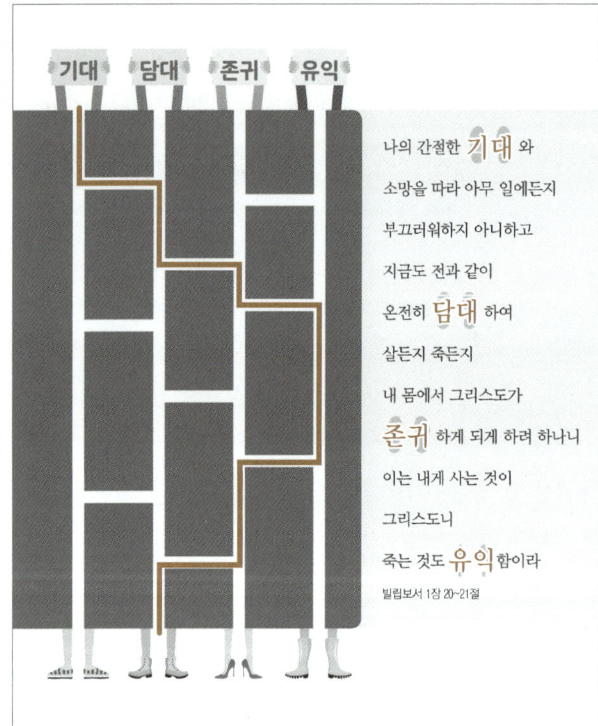

── 예수님은 우리 믿음의 근원이시고, 믿음을 완성하는 분이에요. 오직 예수님만 우리의 찬양과 경배를 받으실 수 있어요. 예수님만 우리를 죄에서 구하실 수 있기 때문이에요. 바울처럼 우리의 간절한 소원도 우리 삶으로 그리스도를 높이는 것이 되어야 해요.

 보물 지도

손 머리 위로

[준비물] 성경

① 아이들에게 골로새서가 어디 있는지 물어본다. (신약성경)

② 골로새서는 바울이 골로새 성도들에게 보낸 편지라고 설명해 준다.

③ 아이들에게 성경을 주고, 골로새서 1장 15절부터 2장 3절까지 찾아 읽어 보라고 한다.

④ 아이들에게 질문을 하고, 맞으면 두팔을 머리 위로 올려 ○표를, 틀리면 ✕표를 하라고 한다.

1 바울을 죽이려고 한 사람들은 누구였나요?

유대인들 (행 23:12~13)

2 하나님은 왜 종교 지도자들에게서 바울을 지키셨나요?

로마에서도 예수님을 전하게 하시려고 (행 23:11)

3 바울이 복음을 전한 통치자들은 누구였나요?

벨릭스, 베스도, 아그립바 (행 24~25장)

4 아그립바와 베스도는 바울에게 죄가 없다고 생각하면서도 왜 풀어 주지 않았나요? 바울이 로마 황제 앞에서 재판을 받겠다고 요청했기 때문에 (행 26:32)

5 바울을 태우고 로마로 향하던 배는 어떻게 되었나요?

풍랑을 만나 배가 부서졌다 (행 27:14, 40~41)

6 바울은 죽는 것에 관해 무엇이라고 말했나요?

죽어서 예수님과 함께하는 것도 좋은 일이라고 말했다 (빌 1:23)

7 바울은 사는 것에 관해 무엇이라고 말했나요? 예수님의 영광을 위해 사는 것도 좋은 일이라고 말했다 (빌 1:24~25)

8 우리는 언제 예수님을 전해야 하나요?

언제나 어떤 상황에서도 예수님을 전해야 해요

── **바울은 예수님이 누구보다도 그 무엇보다도 뛰어난 분이라고 말했어요.** 예수님은 하나님의 아들이에요. 오직 예수님만 우리의 예배를 받으실 자격이 있어요. 예수님만 우리를 죄에서 구하실 수 있기 때문이에요. 이 사실을 아는 바울은 다른 사람들도 예수님을 믿고 죄에서 구원받을 수 있도록 예수님을 전했어요. 우리도 예수님이 생명과 소망과 평화의 근원이시라는 것을 많은 사람에게 전하길 바라요.

누구실까요?

[준비물] 학생용 교재 31쪽, 연필이나 색연필

① 비밀스러운 복음이 있다는 거짓 교사들의 말에 흔들렸던 골로새 성도들의 이야기를 떠올려 준다.

② 아래 질문을 읽고 알맞은 답에 ✔표 하거나 답을 적어 보라고 한다.

③ 복음은 오직 하나이며, 거짓된 이야기에 흔들리면 안 된다고 말해 준다.

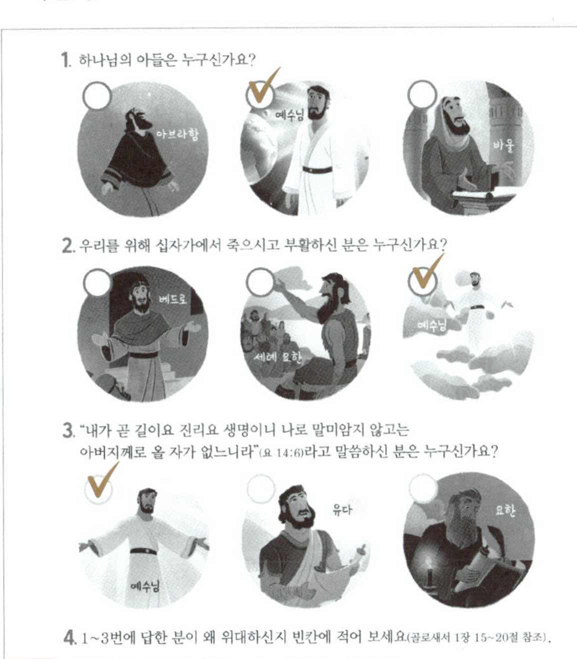

— **바울은 예수님이 누구보다도 그 무엇보다도 뛰어난 분이라고 말했어요.** 바울은 성도들에게 예수님의 위대하심과 권능을 일깨워 주며 용기를 북돋워 주었어요. 예수님은 하나님의 아들이시고, 사람들을 죄에서 구원하기 위해 십자가에서 죽으셨어요. 복음은 진리예요. 예수님만이 우리의 모든 것이 되세요.

예수님 빙고 *

[준비물] '예수님 빙고'(134쪽 또는 지도자용 팩), 연필이나 색연필, 쪽지, 주머니

① '예수님 빙고'를 인원수대로 복사하거나 출력한다.

② 빙고 판에 적힌 단어들을 쪽지에 적은 후 접어서 주머니에 넣어 둔다.

③ 아이들에게 돌아가며 쪽지를 하나씩 뽑아 큰 소리로 읽게 한다.

④ 해당하는 단어를 빙고 칸에서 찾아 색칠하게 한다.

⑤ 먼저 칸 4개를 세로, 가로 또는 대각선으로 나란히 색칠하고 "빙고!"라고 외친 사람이 이긴다.

— 성경에는 예수님의 다양한 이름이 나와요. 예수님은 기묘자, 모사, 전능하신 하나님, 평강의 왕으로 불려요(사 9:6 참조). 그 외에도 예수님을 표현하는 수많은 이름이 있어요! 이 이름들은 예수님이 누구시며, 예수님이 어떤 분이신지를 말해 주어요. 우리는 예수님이 우리를 위해 하신 일과 예수님이 어떤 분이신지를 알기 때문에 예수님을 예배해요. **바울은 예수님이 누구보다도 그 무엇보다도 뛰어난 분이라고 말했어요.**

예수님은 누구신가 *

[준비물] '예수님은 누구신가'(새찬송가 96장)

① 아이들과 함께 '예수님은 누구신가'를 부른다.

② 예수님이 우리의 기쁨, 생명, 평화, 영광이라는 것을 알려 준다.

③ 찬송가 가사를 바꾸어 예수님은 어떤 분이신지 표현해 본다.

— **바울은 예수님이 누구보다도 그 무엇보다도 뛰어난 분이라고 말했어요.** 바울은 어디를 가든지 누구를 만나든지 예수님의 영광과 선하심을 전했어요. 그는 여러 곳에 있는 교회에 편지를 써서 그리스도인들에게 예수님이 누구신지를 일깨워 주었어요. 예수님은 하나님의 아들이시고, 생명과 소망과 평화와 기쁨의 근원이세요.

네 모퉁이 *

[준비물] 도화지 4장, 색인 카드 4장, 주머니, 접착테이프, 찬양 1곡

① 도화지에 '보이지 아니하는 하나님의 형상', '모든 피조물보다 먼저 나신 이', '교회의 머리', '주님'이라고 각각 적어 예배실 네 모퉁이에 하나씩 붙인다.

② 색인 카드에 같은 내용을 각각 적어 주머니에 넣어 둔다.

③ 찬양을 틀고, 아이들에게 예배실을 자유롭게 돌아다니라고 한다. 음악이 멈추면 자신이 있는 곳에서 가장 가까운 모퉁이에 가서 서라고 한다.

④ 음악을 멈추고, 아이들에게 카드를 하나씩 뽑게 한다. 카드에 적힌 내용이 아이가 서 있는 벽에 있는 내용과 같으면 1점을 얻는

다고 말해 준다.

⑤ 시간 안에서 놀이를 반복한 후 가장 높은 점수를 얻은 아이가 이긴다고 알려준다.

—— 예수님이 이 모든 것이라는 사실을 어떻게 알 수 있나요? 성경에 모든 이야기는 예수님을 가리켜요. 오늘 들은 성경 이야기에서도 바울은 그리스도인들에게 예수님이 누구신지 말해 주었어요. 예수님은 하나님의 아들이시고, 생명과 소망과 평화와 기쁨의 근원이세요. **바울은 예수님이 누구보다도 그 무엇보다도 뛰어난 분이라고 말했어요.**

 ## 보물 상자

나만의 기록장

[준비물] 학생용 교재 32쪽, 연필이나 색연필

성경 이야기를 통해 알게 된 것을 글이나 그림으로 표현해 보라고 한다.

· 이 성경 이야기를 통해 하나님이나 복음에 대해 알게 된 사실은 무엇인가요?

· 이 성경 이야기를 통해 나에 대해 알게 된 사실은 무엇인가요?

· 이 성경 이야기를 통해 기억해야 할 하나님의 말씀은 무엇인가요?

메시지 카드

이번 주 메시지 카드로 부모님과 함께 오늘 배운 성경 이야기를 나누어 보라고 한다.

기도

하나님, 우리의 모든 것이 되시는 예수님을 믿는 믿음을 주셔서 감사합니다. 예수님은 우리의 기쁨, 생명, 평화, 영광이세요. 언제나 예수님을 기억하며 살아가도록 도와주세요. 우리도 바울처럼 예수님을 가장 소중하게 여기며 기쁘게 따를 수 있도록 성령님 인도해 주세요. 예수님의 이름으로 기도합니다. 아멘.

나를 위한 하나님의 멋진 계획

'복음'이라는 말을
들어 본 적 있니?
복음이란
'좋은 소식'이라는 뜻이야.
우리에게 보내신 하나님의
좋은 소식이 무엇일까?

하나님은 세상을 만드셨단다

하나님은 온 세상을 만드셨고 사람을 아름답게 창조하셨어.
(창세기 1:1; 골로새서 1:16~17; 요한계시록 4:11)

사람들은 죄를 짓고 하나님을 떠났어

그런데 사람들은 모두 죄를 지었고 하나님에게서 떠나 버렸어.
죄를 짓고 하나님과 관계가 끊어진 사람들은 결국 죽을 수밖에 없단다.
(로마서 3:23, 6:23)

하나님은 구원 계획을 갖고 계시단다

우리는 아무리 노력해도 하나님과 하나가 될 수 없었고 죽을 수밖에
없었어. 그래서 하나님은 우리를 구원하시고 다시 살리시기 위해서
예수님을 보내 주셨단다.
(요한복음 3:16; 에베소서 2:8~9)

예수님이 우리에게 생명을 주셨어

예수님은 우리의 죄를 씻어 주시려고 십자가에서 우리 대신 죽으셨단다.
우리는 예수님 때문에 다시 깨끗해졌고 하나님과 함께 살 수 있게
되었어. 예수님이 자기의 생명을 내어 주셨기 때문에 우리는 영원한
생명을 얻을 수 있게 되었고 하나님과 함께 살 수 있게 되었어.
이것이 하나님의 최고의 선물이야!
(로마서 5:8; 고린도후서 5:21; 베드로전서 3:18)

예수님! 우리 마음에 오세요!

예수님을 믿고 마음에 받아들이면 하나님의 자녀가 된단다.
이것이 가장 좋은 소식, 복된 소식, 복음이란다.
(요한복음 1:12~13; 로마서 10:9~10, 13)

예수님을 영접하기 원하는 어린이가 있다면 개인적으로 상담하고
영접 기도를 할 수 있도록 도와주세요.
예수님이 ○○를 사랑하시는 것을 믿겠니?
예수님이 ○○의 죄를 씻어 주신 것을 믿겠니?
예수님을 ○○의 마음에 받아들이겠니?

믿음을 고백하고 예수님을 영접하기 원하는 어린이를 위해 간절히
기도해 주세요.
이제 ○○는 하나님의 자녀(아들, 딸)가 되었어!
이것이 예수님을 통해 ○○에게 이루어 주신 하나님의 계획이야!
○○야, 하나님의 자녀(아들, 딸) 된 것을 축하해!

2^{단원} 소망을 주시는 하나님

바울은 감옥에 있는 동안 여러 교회에 편지를 써서 어려운 상황 속에서도 소망을 가지라고 격려했습니다. 그리스도인이 소망을 가질 수 있는 이유는 언젠가 예수님이 그의 백성을 위해 다시 오실 것을 알기 때문입니다.

바울이
빌레몬에게
편지를 보냈어요

바울이
소망을 전했어요

The Gospel Project

유다가
믿음을 지키라고
말했어요

베드로가
주님의 날을
기다리라고 했어요

카운트다운 – 우주에서

카운트다운 영상(지도자용 팩)을 틀고 예배 준비 자세를 취하도록 격려한다. 예배가 시작되는 시간에 영상이 끝나도록 맞추어 놓는다. 영상이 끝나기 30초 전에 예배 인도자는 정해진 위치에 서서 조용히 기도하는 모범을 보인다.

무대 배경 – 우주 센터

우주 항공 통제 센터처럼 꾸민다. 오래된 컴퓨터 모니터를 여러 대 준비해 놓는다. 끈과 다양한 크기의 공을 이용해 태양계 모형을 만들어 천장에 매단다. 화면에 '우주 센터' 배경 이미지(지도자용 팩)를 띄운다.

6

바울이 빌레몬에게 편지를 보냈어요

몬 8~22

바울이 죄수의 신분으로 가택에 연금되어 있을 때 오네시모라는 사람이 찾아왔습니다. 오네시모는 빌레몬이라는 부자에게서 도망친 노예였습니다.

빌레몬은 바울의 친구였습니다. 오네시모가 바울이 전한 복음을 듣고 예수님을 믿게 되자, 바울은 빌레몬이 오네시모를 용서하고 서로 화해하기를 바랐습니다. 이제 둘은 그리스도 안에서 형제가 되었기 때문입니다.

바울은 빌레몬에게 편지를 써서 오네시모 편에 보냈습니다. 빌레몬서는 바울이 빌레몬에게 쓴 편지입니다. 바울은 오네시모를 소중히 여기게 되어 그를 자기 곁에 두고 싶었지만, 편지와 함께 빌레몬에게 돌려보냈습니다.

편지에서 바울은 빌레몬에게 오네시모를 용서하고 그를 그리스도 안에서 한 형제로 여길 것을 간곡히 부탁했습니다. 심지어 오네시모가 진 빚을 자기가 갚겠다는 제안까지 했습니다. 그는 사도의 권한으로 자신이 바라는 것을 빌레몬에게 강요할 수도 있었지만, 빌레몬이 바울에게 하듯이 사랑과 친절로 오네시모를 대하도록 친구이자 동역자로서 호소할 뿐이었습니다.

바울은 오네시모의 빚을 자기 앞으로 돌리며 오네시모와 빌레몬이 화해하도록 중재했습니다. 마치 하나님과 인간을 화목하게 하신 예수님처럼 말입니다. 예수님은 우리가 죄 때문에 받아야 하는 벌을 대신 받으셨습니다. 우리가 용서받고, 예수님의 형제와 자매로 하나님의 가족이 될 수 있도록 우리 빚을 대신 갚으셨습니다(히 2:11 참조).

●●● 티칭 포인트

바울의 편지를 보면서 우리는 모두 예수님 앞에서 평등하다는 사실을 다시 한번 떠올리게 됩니다. 한때 유대인 지도자였던 바울, 주인에게서 도망친 노예 오네시모 그리고 이방인 노예의 주인 빌레몬. 이렇게 전혀 다른 배경을 지닌 사람들이 복음으로 하나 되어 예수 그리스도를 주님으로 섬기게 되었습니다. 우리를 향한 하나님의 사랑을 생각하면 우리도 하나님의 영광을 위해 그리스도 안에서 형제자매가 된 이들을 사랑하고, 친절하게 대하며, 용서하게 됩니다.

주 제

바울이 빌레몬에게 그의 종을 그리스도 안에서 형제로 여기며 용서하라고 부탁했어요.

가스펠 링크

예수님은 우리 빚을 대신 갚으셔서 우리가 용서받고 하나님의 가족이 되게 하셨어요.

바울이 빌레몬에게 편지를 보냈어요 몬 8~22

바울이 죄수의 신분으로 로마에 있는 동안 오네시모라는 사람을 알게 되었어요. 오네시모는 빌레몬이라는 주인을 섬기던 노예였어요. 하지만 주인에게서 도망쳤지요. 빌레몬은 바울의 친구였어요.

바울은 오네시모에게 예수님에 관한 기쁜 소식을 전했어요. 오네시모는 예수님을 믿게 되었고, 바울을 도왔어요. 바울은 오네시모가 자기 곁에 머물기를 바랐어요. 하지만 바울은 오네시모가 옳은 일을 해야 한다는 것을 알았어요. 주인 빌레몬에게 돌아가 용서를 빌어야 했지요. 그래서 바울은 빌레몬에게 보내는 편지를 썼어요. 그러고는 오네시모에게 그 편지를 전달하게 했지요.

"빌레몬에게 사랑으로 이 편지를 씁니다. 나는 당신이 옳게 행하기를 부탁합니다. 나는 이제 나이가 많고, 예수님을 전하는 일 때문에 갇혀 있습니다. 이곳에서 만난 오네시모에게 예수님을 전했더니 그가 믿게 되었습니다. 그가 내 곁에 있으면 좋겠지만, 먼저 당신의 허락을 받고 싶습니다.

오네시모는 이제 그리스도인입니다. 어쩌면 그가 잠시 당신을 떠난 것은 종이 아니라 형제가 되어 당신에게 돌아가기 위해서인지도 모릅니다. 그는 우리의 친구이자 그리스도 안에서 한 형제입니다. 부디 나를 맞이하듯 그를 맞아 주길 바랍니다. 그가 당신에게 빚진 것이 있다면 내가 다 갚겠습니다. 빌레몬이여, 당신이 내 말을 따라 주면 정말 기쁘겠습니다. 당신이 옳은 일을 할 것이라고 믿습니다."

바울은 빌레몬에게 자기가 머물 곳을 준비해 달라고 부탁했어요. 곧 빌레몬을 만나게 되기를 기대하고 있었지요.

● ● 가스펠 링크

바울이 빌레몬과 오네시모를 화해시키기 위해 오네시모가 빚진 것이 있다면 대신 갚겠다고 했어요. 마치 하나님과 인간을 화목하게 하신 예수님처럼 말이에요. 예수님은 우리가 죄 때문에 받아야 하는 벌을 대신 받으셨어요. 우리 빚을 대신 갚으셔서 우리가 용서받고 하나님의 가족이 되게 하셨어요.

 **환영**

도착하는 아이들을 반갑게 맞이하고 헌금, 출석, QT 등을 확인하며 격려한다. 새 친구가 있다면 소개한다. 편안한 분위기에서 안부를 물으며 오늘의 말씀과 관련된 화제로 이야기를 나눈다. 아이들에게 누군가를 진심으로 용서한 적이 있는지 물어본다. 자발적으로 대화에 참여하도록 이끈다.

예) "누군가를 용서했던 경험이 있나요?", "어떤 잘못을 용서해 주었나요?" 등.

다른 사람을 용서하기가 쉬운가요? 어려운가요? 아이들의 대답을 기다린다. 맞아요. 쉽기도 하고 어렵기도 해요. 어떤 경우에는 계속 화를 내거나, 우리에게 잘못한 사람이 벌을 받기를 바랄 때도 있지요. 하지만 예수님은 그렇게 하지 않으세요. 예수님은 우리를 용서하시고, 또 우리에게 다른 사람을 용서하라고 말씀하세요.

 **마음 열기**

환영 표지판 만들기 *

[준비물] 두꺼운 종이, 색연필, 사인펜, 끈, 접착테이프

① 아이들에게 준비물을 나누어 주고, 집에 오는 누군가를 환영하는 표지판을 만들어 보라고 한다.

② 완성한 표지판에 끈을 달아 문에 걸 수 있게 한다.

집에 오는 사람을 반갑게 맞이해 본 적이 있나요? 집에 사랑하는 친구나 가족이 오면 그들을 반갑게 맞이해요. 만약 여러분에게 많은 빚을 지고 도망간 종이 집에 돌아온다면 어떻게 맞이할까요? 오늘 성경 이야기에는 도망쳤던 종의 이야기가 나와요. 그 종의 주인은 어떻게 했을지 오늘 성경 이야기를 들어 보아요!

많이 용서받았어요! *

[준비물] 사탕

① 아이들을 2명씩 짝을 짓게 한다.

② 가위바위보를 해서 이긴 사람에게 사탕을 하나씩 준다.

③ 가위바위보를 5번 한 후, 아이들이 가지고 있는 사탕이 갚아야 할 '빚'이라고 말해 준다.

④ 만약 인도자가 모든 '빚'(사탕)을 없애 준다면, 사탕을 적게 가진 사람과 많이 가진 사람 중에 누가 더 감사하게 생각할지 물어본다.

⑤ 놀이가 끝난 후 사탕을 나누어 먹는다.

사탕을 더 많이 가진 친구가 더 기쁘고 감사할 것 같지요? 왜 그렇게 생각하나요? 바울은 우리가 예수님에게 죄를 용서받은 사실을 기억하도록 편지를 썼어요. 누구에게 그 편지를 썼는지, 편지 내용은 무엇이었는지 오늘의 성경 이야기를 잘 들어 보아요!

교사를 위한 기록장 이 과를 준비하면서 깨닫게 된 묵상을 정리해 보세요.

· 하나님이나 나에 대해 새롭게 알게 된 것은?

· 기억해야 할 하나님의 말씀은?

· 아이들에게 전하고 싶은 메시지는?

가스펠 설교

 들어가기

[준비물] 우주복, 헬멧

우주복을 입고, 헬멧을 들고 들어온다.

여러분, 안녕하세요! 저는 인도자의 이름입니다. 우주 비행사이지요. 여러분과 함께 우주선 발사를 준비할 수 있게 되어 정말 기뻐요. 저는 동료들과 함께 곧 우주로 떠나게 될 거예요. 우리 팀은 우주에서 건강하게 생활하기 위해 열심히 체력을 키우고 있답니다. 무중력 상태에서 둥둥 떠다니기가 쉬워 보이지만, 적응이 되지 않은 사람에게는 정말 힘든 일이거든요!

우리는 우주여행만 준비하는 것이 아니라, 언젠가 예수님이 다시 오실 날도 준비하고 있지요. 언제가 될지는 모르지만 예수님은 반드시 다시 오셔서 모든 것을 새롭게 하겠다고 약속하셨어요! 앞으로 몇 주 동안 예수님이 다시 오실 날을 준비한다는 것이 무슨 말인지 배울 거예요. 여러분에게 들려주고 싶은 재미있는 이야기가 정말 많답니다. 시작해 볼까요?

연대표

바울이 로마에 가게 되었어요

바울이 감옥에서도 하나님을 찬양했어요

바울이 예수님에 관해 일깨워 주었어요

바울이 빌레몬에게 편지를 보냈어요

연대표에서 지난 성경 이야기들을 가리킨다. 바울은 예수님을 모르는 사람들에게 복음을 전하라는 하나님의 부르심에 순종했어요. 바울은 이 세상 무엇보다 예수님을 사랑했지요. 그래서 가능하면 모든 사람에게 죄에서 구원받는 방법을 알려

주고 싶었어요. 많은 사람이 복음을 듣고 예수님을 믿었어요! 그들은 하나님이 바울에게 보여 주신 은혜와 사랑을 자신들도 경험하고 싶었어요. 하지만 모든 사람이 바울의 말을 좋아한 것은 아니었어요. 그래서 바울은 감옥에 갇혔지요. 바울은 감옥에서도 그리스도인들에게 편지를 썼어요. 그들의 믿음을 굳건하게 하고 용기를 북돋워 주기 위해서 말이에요. 바울은 친구인 빌레몬에게도 편지를 썼어요. 오늘 성경 이야기는 바로 이 편지에 나와요.

 성경의 초점

오늘 저의 임무는 여러분이 '성경의 초점'의 질문의 답을 찾을 수 있도록 도와주는 거예요. 새로운 '성경의 초점'의 질문은 바로 **"우리는 다시 오실 예수님을 기다리며 어떻게 살아야 하나요?"**예요. 우리는 언젠가 예수님이 다시 오실 것을 알고 있어요. 하지만 정확하게 언제 오시는지는 모르지요. 그래서 예수님을 기다리는 동안 시간을 지혜롭게 사용하는 것이 아주 중요해요. 어떻게 해야 이 땅에서의 시간을 지혜롭게 사용할 수 있을까요? 과연 바울은 그리스도를 따르는 사람으로서 어떻게 살라고 격려했을지 성경 이야기를 잘 들어 보세요.

 성경 이야기

빌레몬서 8~22절을 펴고, 설교 영상(지도자용 팩)을 보여 주거나 이야기 성경을 들려준다. 화이트보드에 '등장인물'(지도자용 팩)을 붙이고, 성경 이야기 속에 해당 인물이 나오면 각 등장인물을 가리키며 말한다. 또는 바울의 편지 내용을 들을 때 아이들에게 빌레몬의 표정이 어땠을지 표정을 지어 보라고 한다.

바울은 빌레몬에게서 도망친 종 오네시모에게 복음을 전했어요. 오네시모는 예수님이 자신을 죄에서 구하려고 죽으셨다는 것을 믿었어요. **바울이 빌레몬에게 그의 종을 그리스도 안에서 형제로 여기며 용서하라고 부탁했어요.** 바울은 사도이자 교회 지도자로서의 권위를 가지고 빌레몬에게 오네시모를 반갑게 맞이하라고 명령할 수도 있었어요. 하지만 빌레몬에게 명령하는 대신 사랑으로 오네시모를 맞아

달라고 부탁했지요. 심지어 오네시모가 빌레몬에게 진 빚이 있다면 자신이 대신 갚겠다고 했어요.

바울은 친구인 빌레몬에게 하나님의 용서에 관한 진리를 떠올려 주었어요. 우리는 이미 하나님으로부터 너무나 큰 죄를 용서받았기 때문에 우리에게 해를 끼치는 사람을 용서할 수 있다고 말이에요. 용서를 베푸는 것이 늘 쉬울까요? 정말 용서하기 힘들 때도 있을 거예요. 하지만 그럴 때 기도하면 하나님이 언제나 용서할 수 있도록 도와주실 거예요. 바울은 모든 그리스도인은 영원한 하나님의 가족이라는 사실을 빌레몬이 이해하기를 바랐어요.

성경은 예수님을 알기 전에는 누구나 죄의 종이라고 말해요. 하나님 없이 옳은 일을 선택할 수 있는 사람은 아무도 없어요. 예수님을 믿지 않고 죄의 종으로 있으면 하나님과 가까워질 수 없어요. 예수님은 우리를 죄에서 자유롭게 하고, 하나님의 자녀가 되는 길을 열어 주기 위해 십자가에서 죽으셨어요.

 ## 가스펠 링크

바울이 빌레몬과 오네시모를 화해시키기 위해 오네시모가 빚진 것이 있다면 대신 갚겠다고 했어요. 마치 하나님과 인간을 화목하게 하신 예수님처럼 말이에요. 예수님은 우리가 죄 때문에 받아야 하는 벌을 대신 받으셨어요. 우리 빚을 대신 갚으셔서 우리가 용서받고 하나님의 가족이 되게 하셨어요.

 ## 복음 초청

성경과 53쪽 복음 초청 가이드를 이용해서 아이들에게 그리스도인이 되는 법을 설명해 준다. 따로 상담해 줄 사람을 정해 주고 궁금한 점이 있으면 물어보도록 격려한다.

이 시간 예수님을 마음에 모시고 싶은 친구는 함께 기도해요.

 ## 기도

하나님, 예수님을 통해 우리를 하나님의 가족이 되게 해 주셔서 감사합니다. 하나님이 우리를 사랑하시는 것처럼 다른 사람을 사랑하게 해 주세요. 누군가 용서를 구한다면 용서를 베풀고, 잘못한 일에 용서를 구하는 우리가 되도록 성령님 함께해 주세요. 예수님의 이름으로 기도합니다. 아멘.

 ## 적용

TIP 설교 도입이나 적용으로 활용하거나 영상을 본 뒤 소그룹으로 나누어 풍성한 대화를 이어 갈 수 있습니다.

어떤 사람을 친구나 팀의 구성원으로 받아들이기 힘들었던 적이 있나요? 오늘의 영상을 보면서 함께 생각해 보아요.

적용 예화 영상(지도자용 팩)을 보여 준 후, 다음의 질문으로 이야기를 나눈다.

1 복음은 우리를 어떻게 변화시키나요?

2 우리는 새로 그리스도인이 된 사람을 어떻게 대하나요?

3 그 사람이 과거에 나쁜 짓을 한 사람이라면 어떤가요?

예수님을 믿으면 하나님의 자녀가 되어요. 그리고 다른 그리스도인들과 예수님의 사랑으로 하나가 되지요. **바울이 빌레몬에게 그의 종을 그리스도 안에서 형제로 여기며 용서하라고 부탁했어요.** 마치 하나님과 인간을 화목하게 하신 예수님처럼 말이에요. 하나님은 우리에게도 그런 용서를 베풀라고 말씀하세요.

가스펠 소그룹

나침반

도전! 말씀 암송

"모든 성경은 하나님의 감동으로 된 것으로 교훈과 책망과 바르게 함과 의로 교육하기에 유익하니 이는 하나님의 사람으로 온전하게 하며 모든 선한 일을 행할 능력을 갖추게 하려 함이라"(딤후 3:16~17).

[준비물] 2단원 암송(130쪽), 공, 스톱워치, 간식

① 2단원 암송을 보여 주고, 아이들과 함께 여러 번 읽는다.

② 아이들을 둥그렇게 앉히고, 암송 구절을 한 어절씩 말한 뒤 옆 사람에게 공을 전달하라고 한다.

③ 얼마나 빨리 공을 전달하면서 암송 구절을 말하는지 시간을 잰다.

④ 목표 시간을 정하고, 목표를 달성하면 간식을 나누어 준다.

— 하나님을 잘 아는 가장 좋은 방법은 성경을 읽는 거예요. 하나님의 말씀에는 하나님이 누구신지, 어떤 분이신지, 어떻게 하면 우리가 하나님을 알 수 있는지 자세히 나와 있어요. 성경을 읽으면 우리를 향한 하나님의 놀라운 사랑을 알 수 있어요. 성경 전체가 구원자이신 예수님을 가리키고 있기 때문이에요.

보물 지도

빌레몬에게 쓰는 편지

[준비물] 성경, 학생용 교재 36쪽, 연필이나 색연필

① 빌레몬서 8~22절을 찾아 바울이 빌레몬에게 어떤 편지를 썼는지 읽어 보라고 한다.

② 아래 단어들을 넣어 빌레몬에게 오네시모를 위한 편지를 써 보라고 한다.

③ 가스펠 링크를 읽어 주고, 예수님이 우리에게 보여 주신 사랑과 용서를 기억하도록 강조한다.

— **바울이 빌레몬에게 그의 종을 그리스도 안에서 형제로 여기며 용서하라고 부탁했어요.** 빌레몬과 오네시모를 화해시키기 위해 오네시모가 빚진 것이 있다면 대신 갚겠다고 했어요. 마치 하나님과 인간을 화목하게 하신 예수님처럼 말이에요. 예수님은 우리가 죄 때문에 받아야 하는 벌을 대신 받으셨어요. 우리 빚을 대신 갚으셔서 우리가 용서받고 하나님의 가족이 되게 하셨어요.

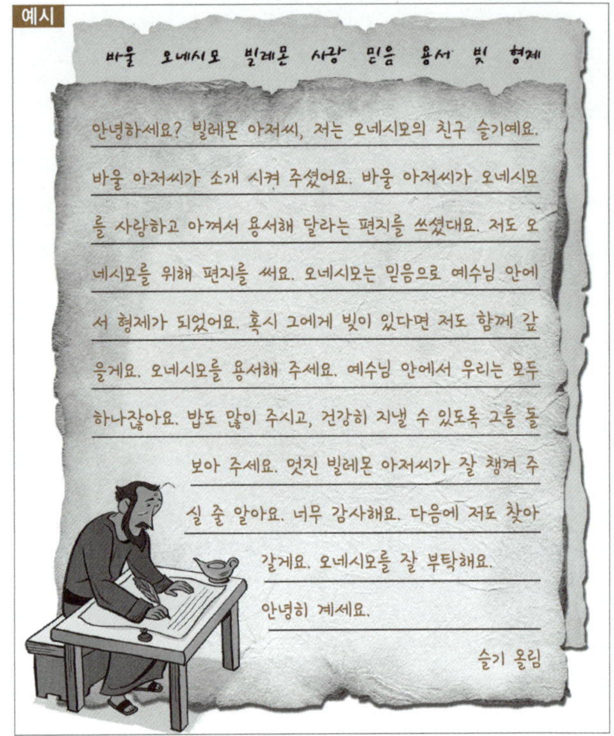

탐험하기

오네시모를 찾아라!

[준비물] 학생용 교재 37쪽, 연필이나 색연필

① 아래 그림과 같은 오네시모를 찾아 ○표 하라고 한다.

② 바울의 편지를 들고 돌아가는 오네시모는 빌레몬을 만나 어떤 말을 했을지 적어 보라고 한다.

— 오네시모는 빌레몬에게서 도망친 종였어요. 당시 주인에게는 도망간 종을 죽일 수 있는 권한이 있었어요. 그래서 **바울이 빌레몬에게 그의 종을 그리스도 안에서 형제로 여기며 용서하라고 부탁했어요.** 바울은 빌레몬에게 하나님이 그를 용서하셨으니 그도 다른 사람을 용서해야 한다는 점을 일깨워 주었어요. 예수님은 우리 빚을 대신 갚으셔서 우리가 용서받고 하나님의 가족이 되게 하셨어요. 이 사실을 기억하며 서로 용서하고 그리스도 안에서 형제로 여기며 사랑하며 살아야 해요.

돌아오는 종 릴레이 *

[준비물] 색인 카드, 마커

① 색인 카드에 용서에 관한 문장을 적어 '용서 카드'를 인원수대로 만들어 준비한다.

　예) 친구를 용서하세요, 가족을 용서하세요, 선생님을 용서하세요 등.

② 아이들을 2팀으로 나누고, 예배실 한쪽에 팀별로 줄을 세운다.

③ 팀별로 '바울'을 한 명씩 정하고, 예배실 반대편으로 가서 자기 팀을 마주 보고 서게 한다.

④ 각 팀의 바울에게 '용서 카드'를 팀의 인원수대로 준다.

⑤ 인도자가 "출발!"이라고 외치면, 한 명씩 바울에게 뛰어가 '용서 카드'를 받아 돌아오게 한다.

⑥ 먼저 모든 인원이 돌아와 용서 카드를 한목소리로 읽은 팀이 이긴다.

　　바울이 빌레몬에게 그의 종을 그리스도 안에서 형제로 여기며 용서하라고 부탁했어요. 바울은 빌레몬에게 하나님이 그를 용서하셨으니 그도 다른 사람을 용서해야 한다고 말했어요. 사람들을 용서하는 것은 쉬운 일이 아니에요. 하지만 예수님이 하나님과 우리를 화목하게 하신 것을 기억하며 우리도 다른 사람에게 용서와 은혜를 베풀어야 해요.

얼마나 많이 용서해야 할까? *

[준비물] 젤리빈 490개, 투명한 빈 병, 성경

① 젤리빈이 가득 들어 있는 병을 아이들에게 보여 주고 몇 개나 들어 있는지 맞혀 보게 한다.

② 가장 근접한 숫자를 맞힌 아이에게 젤리빈을 선물하고 나누어 먹도록 격려한다.

　　바울이 빌레몬에게 그의 종을 그리스도 안에서 형제로 여기며 용서하라고 부탁했어요. 우리는 다른 사람을 얼마나 많이 용서해야 할까요? 아이들의 대답을 기다린다. 예수님은 마태복음 18장 22절에서 다른 사람을 7번씩 70번이라도 용서하라고 말씀하셨어요. 이 말씀은 491번째는 용서하지 않아도 된다는 뜻이 아니라 예수님이 우리의 죄를 용서하신 것처럼 우리도 다른 사람을 몇 번이든 상관없이 계속해서 용서해야 한다는 것을 말씀하신 거예요.

 보물 상자

나만의 기록장

[준비물] 학생용 교재 38쪽, 연필이나 색연필

성경 이야기를 통해 알게 된 것을 글이나 그림으로 표현해 보라고 한다.

· 이 성경 이야기를 통해 하나님이나 복음에 대해 알게 된 사실은 무엇인가요?

· 이 성경 이야기를 통해 나에 대해 알게 된 사실은 무엇인가요?

· 나는 누구에게 이 성경 이야기를 들려줄 수 있을까요?

메시지 카드

이번 주 메시지 카드로 부모님과 함께 오늘 배운 성경 이야기를 나누어 보라고 한다.

기도

하나님, 바울이 빌레몬에게 예수님의 사랑으로 오네시모를 용서하라고 부탁했던 편지를 읽게 해 주셔서 감사합니다. 우리 죄를 용서하시고 하나님의 자녀로 삼아 주신 것을 기억하며 다른 사람에게 용서를 베푸는 우리가 되게 해 주세요. 하나님 안에서 서로를 사랑할 수 있도록 도와주세요. 예수님의 이름으로 기도합니다. 아멘.

7 바울이 소망을 전했어요

살전 4:13~5:11

미래를 알 수 있다면 인생이 어떻게 바뀔까요? 날씨나 야구 경기 결과를 정확하게 예측할 수 있다면요? 인생이 어떻게 끝날지 안다면 오늘 하루를 다르게 살게 될까요? 세상을 향한 하나님의 계획이라는 넓은 시각에서 보면, 우리는 다가올 미래를 알고 있습니다. 하나님은 말씀을 통해 인류를 위한 계획의 결말을 알려 주십니다.

데살로니가전서에서 바울은 미래에 대한 내용을 적어 박해받는 그리스도인들에게 용기를 북돋워 주고자 했습니다. 당시 그리스도인들이 품었던 소망은 현재 우리가 가진 것과 같습니다. 최후의 부활과 예수님의 재림 그리고 세상의 심판을 고대하는 것이지요.

기원후 50년경, 데살로니가라는 도시는 우상과 그리스 로마의 신, 심지어 로마 황제를 숭배하는 사람들로 가득했습니다. 바울이 그곳에 교회를 세우자 곧 핍박이 닥쳤고, 바울은 그곳을 떠나야만 했습니다. 데살로니가에 돌아갈 수는 없었지만 여전히 바울은 아직 어린아이와 같은 데살로니가가 교회를 사랑하고 걱정했습니다. 그래서 디모데를 보내 성도들을 돌보게 했지요.

디모데는 좋은 소식을 가지고 돌아왔습니다. 성도들은 핍박으로 고통받으면서도 믿음을 단단히 붙들고 있었습니다. 교리적인 면에서, 특히 예수님의 재림에 대해 몇 가지 오해가 있었지만, 그들은 여전히 힘써 주님을 섬겼습니다. 바울은 성도들을 격려하고, 그리스도인이 죽으면 어떻게 되는지 알려 주고, 장차 일어날 일에 대한 오해를 바로잡기 위해 편지를 썼습니다.

바울이 가장 중점을 둔 것은 아마 예수님의 재림에 관한 부분이었을 것입니다. 그는 예수님이 다시 오시는 날에 성도들이 고통에서 벗어날 것이라고 말했습니다. 주님의 날이 이르면 예수님이 자기 백성을 위해 다시 오셔서 악한 자들을 심판하실 것입니다. 그 약속은 오늘을 사는 우리에게도 여전히 유효합니다.

● 티칭 포인트

바울의 편지는 성도들에게 소망을 주었습니다. 우리가 성경에서 발견하는 소망은 단지 어떤 일이 일어나기를 막연히 바라는 것보다 훨씬 더 강력합니다. 말씀에 근거를 둔 소망은 확신을 가지고 기대하게 합니다. 우리는 하나님이 신실하고 진실한 분이라는 사실을 알기 때문입니다.

주 제

바울이 데살로니가 성도들에게 다시 오실 예수님을 생각하며 힘을 내라고 격려했어요.

가스펠 링크

성도들은 예수님이 다시 오셔서 함께하게 될 그날을 소망하며 살아요.

바울이 소망을 전했어요 살전 4:13~5:11

예수님이 십자가에서 죽으시고 부활하신 지 약 20년 후, 바울은 데살로니가라는 도시에 갔어요. 그곳 사람들은 우상을 숭배했어요. 심지어 로마 황제를 숭배하는 사람도 있었지요. 바울이 예수님에 관한 기쁜 소식을 전하자, 많은 사람이 예수님을 믿게 되었어요. 바울은 데살로니가에 교회를 세웠지만, 바울과 그의 가르침을 싫어하는 사람들이 그를 도시에서 쫓아냈어요.

바울은 데살로니가 성도들이 걱정되었어요. 그들 모두 그리스도인이 된 지 얼마 되지 않았기 때문이에요. 그래서 바울은 제자인 디모데를 보내 성도들이 어떻게 지내고 있는지 살피게 했어요. 디모데는 좋은 소식을 가져왔어요. 데살로니가 교회가 믿음 때문에 고난을 당하고 있지만 포기하지 않는다는 소식이었지요. 바울은 편지를 써서 성도들에게 용기를 북돋워 주기로 했어요. 바울은 언젠가 예수님이 다시 오실 것이라고 말했어요. 예수님이 다시 오시는 날에 성도들은 고통에서 벗어날 거예요! 바울의 편지를 읽은 사람들은 큰 소망을 품게 되었어요.

바울은 편지를 통해 데살로니가 성도들이 진리가 무엇인지 알 수 있도록 도와주고, 핍박으로 죽임을 당한 성도들이 어떻게 되는지 가르쳐 주었어요. 성도들은 슬픔 속에서도 소망을 가질 수 있어요. 예수님이 죽었다가 다시 살아나신 것처럼 하나님은 예수님을 믿는 성도들을 죽음에서 다시 살리실 것이기 때문이에요.

예수님이 다시 오시는 날, 주님이 큰 소리로 호령하며 하늘에서 내려오실 거예요. 이미 죽은 성도들이 먼저 살아나고, 살아 있는 성도들은 그들과 함께 하늘로 올라가 주님을 만나게 될 거예요. 그리고 영원히 주님과 함께 살게 될 거예요!

예수님이 언제 오시는지는 아무도 몰라요. 그날은 밤에 도둑이 오는 것처럼 갑자기 올 거예요. 그러니 준비하고 있어야 해요. 하나님은 우리에게 영원한 생명을 약속하셨어요. 하나님의 아들 예수님을 통해 우리를 구원하셨지요. 주님의 날이 이르면 우리가 죽어 있든지 살아 있든지 예수님은 우리 모두를 집으로 데려가 영원히 함께 살게 하실 거예요. 그러니 우리는 서로 용기를 북돋워 주어야 해요. 우리에게는 미래에 대한 소망이 있기 때문이에요.

●● 가스펠 링크

구약성경에서 선지자들은 주님의 날에 관해 말했어요. 하나님이 오셔서 세상을 심판하시고 하나님의 백성을 구원하시는 날이지요. 바울은 다가올 주님의 날에 예수님이 자기 백성을 위해 다시 오셔서 악한 자를 심판하실 것이라고 말했어요. 성도들은 예수님이 다시 오셔서 함께하게 될 그날을 소망하며 살아요.

가스펠 준비 10~20분

환영

도착하는 아이들을 반갑게 맞이하고 헌금, 출석, QT 등을 확인하며 격려한다. 새 친구가 있다면 소개한다. 편안한 분위기에서 안부를 물으며 오늘의 말씀과 관련된 화제로 이야기를 나눈다. 아이들에게 미래에 대해 생각해 본 적이 있는지 물어본다. 앞으로 어떤 미래가 펼쳐질지 상상해 보게 해도 좋다. 자발적으로 대화에 참여하도록 이끈다.

예) "미래에 어떤 일이 생길 것 같나요?", "미래를 생각하며 걱정한 적이 있나요?" 등.

—— 미래를 알 수 없기 때문에 겁이 날 수도 있어요. 우리 삶은 답을 알 수 없는 질문으로 가득하지요. 하지만 하나님이 모든 것을 다스리신다는 것을 알기 때문에 용기를 낼 수 있어요. 하나님은 우리에게 필요한 모든 것을 주실 거예요.

마음 열기

몸 수수께끼 *

① 아이들에게 자라서 무엇이 되고 싶은지 생각해 보게 한다.
② 한 명씩 장래에 가지고 싶은 직업을 동작으로 표현해 보라고 한다.
③ 나머지 아이들에게 어떤 직업을 나타내는 동작인지 맞히게 한다.

—— 우리는 모두 미래에 대한 소망이 있어요. 오늘 저녁에 맛있는 음식을 먹고 싶다는 작은 소망에서부터 훌륭한 과학자가 되어 노벨상을 받고 싶다는 큰 소망에 이르기까지 다양한 소망을 가지고 있어요. 미래에 일어날 일들을 소망하면서 지금 그 일을 준비할 수도 있지요. 오늘 성경 이야기는 미래에 일어날 일을 기대하라고 해요. 무엇을 기대하라는 것일까요?

나라면 어떨까? *

① 문제가 있거나 어려운 상황들을 아이들에게 말해 준다.

　예)·친구가 나를 밀어서 넘어져 무릎에 상처가 났어요.

　　·할머니가 계단을 잘 오르지 못하세요.

　　·기르던 햄스터가 죽었어요.

② 아이들에게 각 상황에 처하면 어떤 느낌이 들지, 어떻게 행동할 것인지 말해 보라고 한다.

—— 우리는 병들고 다치고 아파요. 물건은 낡고 고장이 나요. 사람과 동물은 모두 죽어요. 죄 때문에 온 세상이 망가졌기 때문이에요. 하지만 우리에게는 소망이 있어요. 예수님이 언젠가 다시 오셔서 모든 것을 새롭게 만들 것이라고 약속하셨기 때문이에요! 오늘은 바울이 데살로니가 성도들에게 용기를 북돋워 준 이야기를 들을 거예요. 바울은 어떻게 용기를 북돋워 주었을까요?

 이 과를 준비하면서 깨닫게 된 묵상을 정리해 보세요.

·하나님이나 나에 대해 새롭게 알게 된 것은?

·기억해야 될 하나님의 말씀은?

·아이들에게 전하고 싶은 메시지는?

가스펠 설교 

 들어가기

[준비물] 우주복, 헬멧

우주복을 입고, 헬멧을 들고 들어온다.

다시 만나서 정말 반가워요! 한 주간 우주선 발사를 위한 훈련을 하느라 무척 힘들었어요. 훈련하는 동안 몸만 힘든 것이 아니라, 우주에 가면 어떨까 걱정도 많이 되더라고요. 한 번도 가 본 적이 없으니까 겁도 나고요. 여러분도 새로운 일을 하기가 겁났던 적이 있나요? 아이들의 대답을 기다린다. 우리 팀은 우주에 있는 동안 발생할 수 있는 여러 가지 문제에 대비하기 위해 노력하고 있어요. 미처 예상하지 못한 문제가 발생할 수도 있겠지만 하나님이 우리를 돌보실 것이라고 믿고 의지해야지요.

아무래도 오늘 성경 이야기가 저의 불안한 마음을 좀 누그러뜨릴 수 있을 것 같아요. 오늘은 바울이 데살로니가 성도들에게 다시 오실 예수님을 생각하며 힘을 내라고 격려한 이야기를 들을 거예요. 바울의 친구들은 우주에 갈 일은 없었지만, 그들만의 걱정거리가 있었어요. 그래서 바울은 예수님 안에 있는 소망을 되새기며 용기를 북돋워 주었어요.

연대표

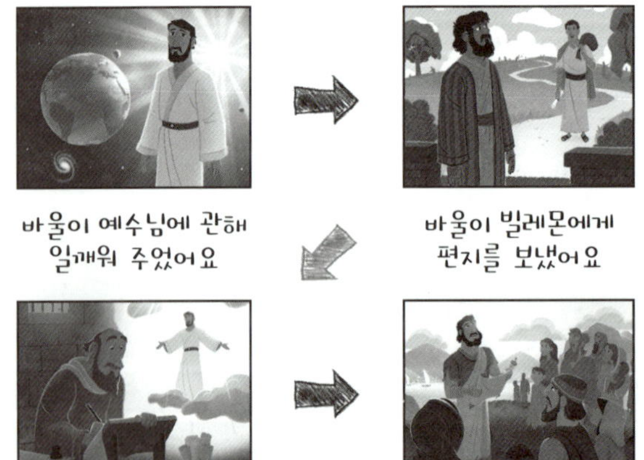

바울은 여러 지역을 다니면서 교회가 없는 곳에 교회를 세웠어요. 그는 가는 곳마다 복음을 전했고, 바울이 전하는 복음을 듣고 예수님을 믿는 사람이 생겼어요. 모든 곳에서 동시에 가르칠 수 없었던 바울은 편지를 써 보냈어요. 바울이 쓴 편지들은 신약성경에 있지요. 연대표에서 오늘의 성경 이야기를 가리킨다. 오늘 성경 이야기는 바울이 데살로니가 성도들에게 쓴 편지에 나와요. 제목은 "바울이 소망을 전했어요"예요.

 성경의 초점

'성경의 초점'의 질문을 기억하는 사람 있나요? 아이들의 대답을 기다린다. **우리는 다시 오실 예수님을 기다리며 어떻게 살아야 하나요? 진리를 기억하고, 믿음을 더욱 굳게 하며, 복음을 전해야 해요.** 언제 일어날지도 모르는 일을 준비하는 것은 어려운 일이에요. 생일이나 성탄절을 기다리는 것도 쉽지 않지만 적어도 그날이 언제 오는지는 알고 있지요. 우리는 예수님이 언제 오실지 몰라요. 하지만 기다리는 동안 어떻게 살아야 할지 알아요.

성경 이야기

데살로니가전서 4장 13절~5장 11절을 펴고, 설교 영상(지도자용 팩)을 보여 주거나 이야기 성경을 들려준다. 성도들의 고통에 관해 말하는 부분에서는 걱정스러운 목소리로, 장래의 소망에 관해 말하는 부분에서는 기쁘고 흥분된 목소리로 말한다. 또는 '바울의 전도 여행 지도'(132쪽 또는 지도자용 팩)에서 데살로니가 지역을 가리키며 성경 이야기를 전한다.

예수님이 승천하실 때, 천사들은 멍하니 하늘만 보고 있는 사람들에게 예수님이 하늘로 올라가신 모습 그대로 다시 오실 것이라고 말했어요. 예수님이 정확하게 언제 다시 오시는지 하나님 외에 아무도 모른다고 말씀하셨지만, 어떤 사람들은 자신들이 죽기 전에 예수님이 다시 오실 것이라고 믿었어요. 하지만 그렇게 되지 않자 예수님의 약속을 믿어도 되는지 걱정하는 사람들이 생기기 시작했어요.

바울은 데살로니가 성도들에게 용기를 북돋워 주었어요. 그들 중에 이미 죽은 친구들을 걱정하는 사람들이 있다는 것을 알았어요. 먼저 세상을 떠난 친구들은 예수님이 다시 오시면 어떻게 되는 것일까요? 바울은 예수님이 다시 오시는 날에 이미 죽은 그리스도인들이 먼저 살아 나고, 그런 다음 살아 있는 그리스도인들이 하늘로 올라가 주님을 만날 것이라고 말해 주었어요. 예수님을 믿는 사람은 모두 예수님과 영원히 함께하게 될 거예요.

예수님을 믿는 사람들은 죽음을 걱정할 필요가 없어요. 예수님이 영원한 생명을 약속하셨기 때문이에요. 우리는 언젠가 예수님을 직접 만나게 될 거예요. 예수님과 함께하면 슬픔도, 고통도, 죽음도 더는 겪지 않을 거예요. 예수님이 다시 오셔서 모든 것을 새롭게 하실 것이기 때문이에요.

예수님이 언제 오실지는 아무도 몰라요. 바울은 주님의 날은 한밤에 찾아오는 도둑같은 것이라고 말했어요. 그래서 우리는 다시 오실 예수님을 소망하며 항상 준비하고 있어야 해요. **우리는 다시 오실 예수님을 기다리며 어떻게 살아야 하나요? 진리를 기억하고, 믿음을 더욱 굳게 하며, 복음을 전해야 해요.**

가스펠 링크

구약성경에서 선지자들은 주님의 날에 관해 말했어요. 하나님이 오셔서 세상을 심판하시고 하나님의 백성을 구원하시는 날이지요. 바울은 다가올 주님의 날에 예수님이 자기 백성을 위해 다시 오셔서 악한 자를 심판하실 것이라고 말했어요. 성도들은 예수님이 다시 오셔서 함께하게 될 그날을 소망하며 살아요.

복음 초청

성경과 53쪽 복음 초청 가이드를 이용해서 아이들에게 그리스도인이 되는 법을 설명해 준다. 따로 상담해 줄 사람을 정해 주고 궁금한 점이 있으면 물어보도록 격려한다.

이 시간 예수님을 마음에 모시고 싶은 친구는 함께 기도해요.

기도

하나님, 예수님의 죽음과 부활로 우리가 구원을 받았습니다. 예수님이 언젠가 다시 오셔서 우리의 죄와 아픔, 병을 없애 주실 것을 믿습니다. 다시 오실 예수님을 기대하며 소망 안에서 살아가게 해 주세요. 그리고 이 기쁜 소식을 다른 사람들에게 전하는 우리가 되게 해 주세요. 예수님의 이름으로 기도합니다. 아멘.

적용

TIP 설교 도입이나 적용으로 활용하거나 영상을 본 뒤 소그룹으로 나누어 풍성한 대화를 이어 갈 수 있습니다.

어려운 일을 하다가 포기하고 싶었던 적이 있나요? 오늘의 영상을 보면서 함께 생각해 보아요.

적용 예화 영상(지도자용 팩)을 보여 준 후, 다음의 질문으로 이야기를 나눈다.

1 바울은 데살로니가 성도들에게 용기를 북돋워 주기 위해 무슨 말을 했나요?

2 바울의 말을 들으면 용기가 날 것 같나요? 그 이유는 무엇인가요?

3 우리는 어떻게 서로에게 용기를 북돋워 줄 수 있을까요?

우리는 예수님이 언제 다시 오실지 몰라요. 그래서 예수님이 오신다는 사실을 항상 기억하기가 힘들지요. 하지만 성경은 하나님이 반드시 약속을 지키신다고 말해요. 예수님은 언젠가 다시 오셔서 세상의 모든 것을 새롭게 하실 거예요. 우리는 예수님이 모든 것을 새롭게 하실 것을 알기 때문에 다시 오실 예수님을 소망하며 살아요.

가스펠 소그룹

10~20분

 ## 나침반

성경은 누가 썼을까?

[준비물] 학생용 교재 42쪽, 연필이나 색연필

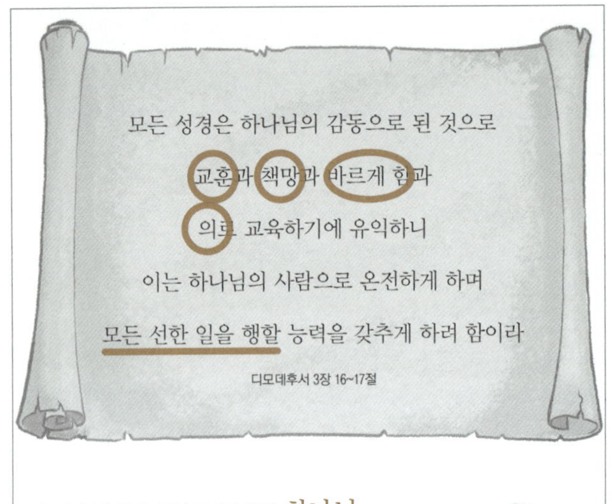

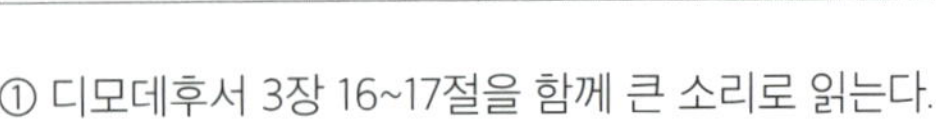

① 디모데후서 3장 16~17절을 함께 큰 소리로 읽는다.

② 질문에 알맞은 답을 써 보라고 한다.

── 성경은 하나님의 감동으로 된 것이에요. 하나님의 사람으로 온전하게 하며 모든 선한 일을 행할 능력을 갖추게 하지요. 우리가 하나님의 말씀을 가까이하며 믿음으로 살아갈 때 더욱더 예수님을 닮아 가게 될 거예요.

 ## 보물 지도

스피드 퀴즈

[준비물] 성경, 색인 카드, 사인펜, 화이트보드, 보드마커

① 성경에서 데살로니가전서 4장 13절~5장 11절을 펴게 한다.

② 색인 카드에 성경 이야기와 관련된 단어들을 각각 적어 둔다.

　예) 예수님, 편지, 좋은 소식, 하늘, 한밤의 도둑, 바울, 기다림 등.

③ 아이들을 2팀으로 나누고, 각 팀에서 한 사람씩 나와 색인 카드

를 고르게 한다.

④ 카드에 적힌 단어를 화이트보드에 그림으로 표현해 보라고 한다.

⑤ 같은 팀 아이들에게 먼저 정답을 말할 기회를 주고, 정답을 맞히면 1점을 준다.

⑥ 정답을 맞히지 못하면 상대 팀에 기회를 준다.

⑦ 정답을 맞힐 때마다 그 단어가 들어가도록 성경 이야기를 한 문장으로 만들어 보라고 한다.

── **바울이 데살로니가 성도들에게 다시 오실 예수님을 생각하며 힘을 내라고 격려했어요.** 우리도 바울의 편지를 읽고 예수님이 다시 오겠다는 약속을 지키실 것을 기억하며 용기를 얻을 수 있어요. 언젠가 우리는 예수님을 직접 만나고 영원히 예수님과 함께하게 될 거예요.

 ## 탐험하기

무엇을 소망해?

[준비물] 학생용 교재 43쪽, 연필이나 색연필

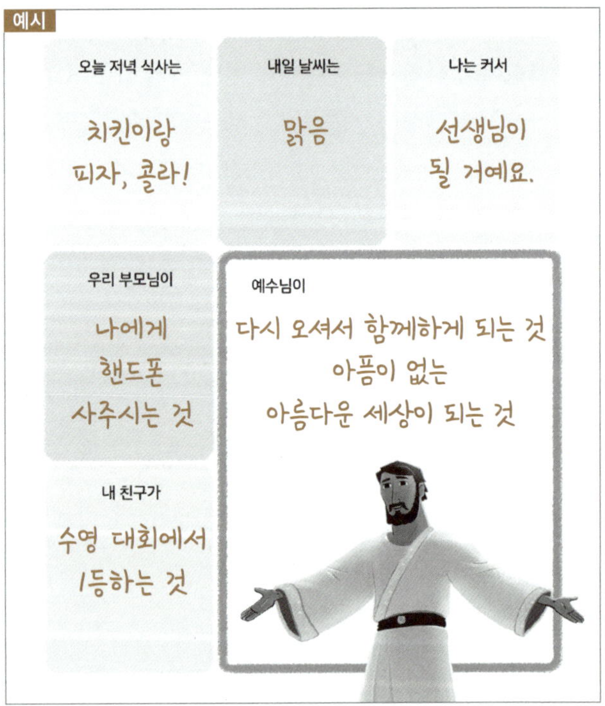

① 아이들에게 '소망'은 어떤 일이 일어나기를 바라는 것이라고 설명해 준다.

② 각 질문을 읽고 소망하는 것을 써 보라고 한다.

③ 빈칸에 다시 오실 예수님에 대해 소망하는 것을 적어 보라고 한다.

④ 적은 내용을 발표하는 시간을 가진다.

─── 성경은 예수님의 재림에 대한 소망을 이야기해요. 재림은 예수님이 이 땅에 다시 오신다는 뜻이에요. 우리는 예수님이 반드시 다시 오실 것이라는 사실을 알고 있어요. 예수님이 그렇게 하겠다고 약속하셨기 때문이지요. 힘들고 어려운 상황 속에 있던 데살로니가 성도들에게는 더욱 확실한 소망이 되시는 예수님이 필요했어요. 바울은 예수님이 반드시 다시 오셔서 악을 심판하시고 하나님의 백성을 구원하실 것이라고 말했어요. 예수님에 대한 소망을 가지라고 데살로니가 성도들을 격려했어요.

한밤에 도둑같이 *

[준비물] 빨래집게, 눈가리개

① 아이들에게 빨래집게와 눈가리개를 하나씩 준다.

② 옷에 빨래집게를 꽂고 눈가리개를 한 후, 예배실 곳곳에 흩어지라고 한다.

③ 인도자가 한 아이에게 다가가 도둑(술래)이라고 말해 준다.

④ 술래는 눈가리개를 풀고, 인도자가 10까지 세는 동안 다른 사람의 빨래집게를 하나 몰래 가져온 후 다시 눈가리개를 하라고 한다.

⑤ 아이들에게 눈가리개를 벗고, 누가 도둑인지 맞혀 보라고 한다.

─── **바울이 데살로니가 성도들에게 다시 오실 예수님을 생각하며 힘을 내라고 격려했어요.** 예수님의 재림은 한밤중에 찾아오는 도둑같이 갑자기 일어날 거예요. 예수님이 몰래 오신다거나 잘못된 일을 하신다는 말이 아니에요. 예수님이 정확하게 언제 오실지 아무도 모른다는 말이에요. 예수님이 오실 날짜나 시간은 몰라도 우리는 예수님이 반드시 오실 거라는 사실을 알아요. 예수님이 약속하셨기 때문이에요. **우리는 다시 오실 예수님을 기다리며 어떻게 살아야 하나요? 진리를 기억하고, 믿음을 더욱 굳게 하며, 복음을 전해야 해요.**

예수님을 기다려요! *

[준비물] 마스킹 테이프, 찬양 1곡

① 예배실 바닥에 마스킹 테이프로 원을 여러 개 만들어 놓는다.

② 아이들에게 찬양이 흐르는 동안 예배실을 시계 방향으로 돌으라고 한다.

③ 인도자가 찬양을 멈추고 숫자를 외치면, 숫자만큼 재빨리 원 안에 들어가 "예수님을 기다려요!"라고 외쳐야 한다고 말해 준다.

④ 정해진 시간 안에 놀이를 반복하며, 마지막에는 모든 아이가 원 안에 들어가 "예수님을 기다려요!"라고 외치게 한다.

─── 놀이를 하는 동안 정확하게 언제 찬양이 멈출지 아무도 몰랐지요? 그래서 항상 원 안으로 들어갈 준비를 해야 했어요. 어떤 면에서 우리 삶도 이 놀이와 비슷해요. 예수님이 언제 다시 오실지 아무도 몰라요. 하지만 우리는 소망을 품고 그날을 기다릴 수 있어요. 날마다 하나님의 영광을 위해 살 수 있도록 성령님이 우리를 도와주신다는 것을 믿으면서 말이에요. **우리는 다시 오실 예수님을 기다리며 어떻게 살아야 하나요? 진리를 기억하고, 믿음을 더욱 굳게 하며, 복음을 전해야 해요.**

 보물 상자

나만의 기록장

[준비물] 학생용 교재 44쪽, 연필이나 색연필

성경 이야기를 통해 알게 된 것을 글이나 그림으로 표현해 보라고 한다.

· 이 성경 이야기를 통해 하나님이나 복음에 대해 알게 된 사실은 무엇인가요?

· 이 성경 이야기를 통해 나에 대해 알게 된 사실은 무엇인가요?

· 나는 누구에게 이 성경 이야기를 들려줄 수 있을까요?

메시지 카드

이번 주 메시지 카드로 부모님과 함께 오늘 배운 성경 이야기를 나누어 보라고 한다.

기도

하나님, 데살로니가 성도들이 예수님이 다시 오신다는 것을 믿고 기다렸듯이 우리도 어떤 상황에서도 예수님이 다시 오겠다고 하신 약속을 믿으며 살아도록 성령님 함께해 주세요. 예수님을 기다리면서 진리를 기억하고, 믿음을 더욱 굳게 하며, 복음을 전할 수 있도록 도와주세요. 예수님의 이름으로 기도합니다. 아멘.

8

유다가 믿음을 지키라고 말했어요

유 3~4, 17~25

유다는 야고보처럼 예수님의 형제였습니다. 그리고 그 역시 예수님이 죽은 자 가운데서 부활하신 후에야 예수님이 하나님의 아들이라는 것을 믿었습니다. 기원후 65년에서 80년 사이에 유다는 성도들에게 거짓 교사들에 대해 경고하기 위해 편지를 썼습니다. 당시 교회에는 거짓 교사들이 몰래 들어와 있었습니다. 유다는 믿음을 버리지 말고 "믿음의 도를 위하여 힘써 싸우라"(유 3)라고 독려했습니다.

유다는 초기 그리스도인들에게 어떤 사람들이 거짓된 것을 가르치고 죄를 짓게 만들어 그들을 분열시킬 것이라고 경고했습니다. 유다는 성도들이 참된 가르침을 지키려고 노력할 뿐만 아니라 적극적으로 복음을 전하기를 원했습니다. 그는 성도들에게 의심하는 자를 긍휼히 여기고, 다른 사람을 예수님에게 인도하며, 죄를 미워하라고 말했습니다.

유다는 하나님의 약속으로 편지를 맺습니다. 궁극적으로 우리를 죄에서 보호하시는 분은 예수님입니다. 역사를 통해 하나님은 하나님의 백성을 돌아오게 하려는 계획을 이루어 오셨습니다. 하나님은 우리를 지키실 것입니다.

● ● 티칭 포인트

오늘날에도 거짓 교사들이 있습니다. 그리고 여전히 그들은 교회에 몰래 들어올 틈을 노리고 있습니다. 우리를 사랑하시는 하나님은 성경을 통해 거짓 교사들을 경계하라고 말씀하십니다. 우리는 하나님의 말씀을 연구하며 무엇이 진리인지 알 수 있고, 성령님에게 분별의 지혜를 구할 수 있습니다.

이같은 거짓 교사에 대한 강력한 경고에 당황한 성도들도 있을지 모르겠습니다. 아이들에게 이런 메시지를 주는 것이 너무 이르다고 생각할 수도 있습니다. 하지만 하나님은 우리가 하나님의 진리를 기억하는 것뿐만 아니라 다른 그리스도인들이 믿음을 지킬 수 있도록 격려하도록 우리를 부르셨습니다. 아이들이 이와 같이 진고한 복음 안에서 자라날 수 있게 도와주십시오.

예수님으로 인해 우리는 큰 기쁨으로 하나님 앞에 설 것입니다. 유다의 말을 빌리겠습니다. "곧 우리 구주 홀로 하나이신 하나님께 우리 주 예수 그리스도로 말미암아 영광과 위엄과 권력과 권세가 영원 전부터 이제와 영원토록 있을지어다 아멘"(유 25).

주 제

유다는 그리스도인들에게 거짓에 속지 말고 믿음 위에 굳게 서라고 말했어요.

가스펠 링크

예수님은 길이고, 진리이며, 생명이에요. 하나님의 백성을 죄로부터 보호하실 유일한 분이에요.

유다가 믿음을 지키라고 말했어요 유 3~4, 17~25

유다는 야고보처럼 예수님의 동생이었어요. 그는 예수님이 죽은 자 가운데서 살아나신 후에야 예수님이 하나님의 아들이라는 것을 믿었어요. 유다는 다른 그리스도인들이 예수님에 관한 기쁜 소식을 전하고 예수님에 대한 진리를 지키며 살기를 바랐어요. 그래서 유다는 성도들에게 편지를 썼어요.

"사랑하는 여러분, 나는 우리가 예수님 안에서 얻은 구원에 관해 여러분에게 편지를 쓰려고 했습니다. 하지만 그보다 더 중요한 말을 해야 할 것 같습니다. 바로 담대하게 진리를 지키라는 것입니다. 하나님이 하나님의 백성에게 주신 믿음을 지키십시오."

유다는 그들 중 몇몇 경건하지 않은 사람들이 하나님의 은혜를 죄를 짓기 위한 변명거리로 사용했다고 말했어요. 그들은 우리의 유일한 주인이신 예수님을 부인했지요.

유다는 마지막 때에 성도들과 진리를 비웃는 사람들이 있을 것이라고 말했어요. 이런 사람들은 하나님에게 죄를 지으며 자기가 원하는 대로 살아요. 그리고 교회에 분열을 일으키지요. 그들에게는 성령님이 계시지 않아요.

하지만 그리스도인들은 믿음 위에 자신을 세우고 진리를 지켜요. 성령님의 인도하심을 따라 기도하지요. 유다는 "하나님의 진리를 기억하십시오. 하나님은 여러분을 사랑하십니다. 예수님이 오셔서 여러분에게 영원한 생명을 주실 것입니다"라고 말했어요.

유다는 그리스도인들에게 의심하는 자들을 불쌍히 여기고, 사람들을 예수님에게 인도하며, 죄를 미워하라고 말했어요.

유다는 이렇게 편지를 맺었어요. "이제 하나님을 찬양합시다! 하나님은 여러분을 죄에서 지키실 것입니다. 하나님은 우리 주 예수 그리스도를 통해 우리를 구하신 구원자이십니다. 모든 영광과 위엄과 능력과 권세가 영원히 하나님께 있기를 빕니다. 아멘."

●● 가스펠 링크

유다는 초대교회 성도들에게 어떤 사람들이 거짓된 것을 가르치고 죄를 짓게 만들어 그들을 분열시킬 것이라고 경고했어요. 예수님은 길이고, 진리이며, 생명이에요(요 14:6 참조). 하나님의 백성을 죄로부터 보호하실 유일한 분이에요. 예수님으로 인해 우리는 기쁨으로 하나님 앞에 설 수 있어요.

가스펠 준비

 환영

도착하는 아이들을 반갑게 맞이하고 헌금, 출석, QT 등을 확인하며 격려한다. 새 친구가 있다면 소개한다. 편안한 분위기에서 안부를 물으며 오늘의 말씀과 관련된 화제로 이야기를 나눈다. 아이들에게 아무리 바빠도 절대 잊지 않는 것이 있는지 물어본다. 자발적으로 대화에 참여하도록 이끈다.

예) "절대 잊지 않는 것이 있나요?", "중요한 것을 잊은 적이 있나요?" 등.

누구나 기억해야 할 것을 잊어버릴 때가 있어요. 항상 모든 것을 기억할 수는 없지요. 하지만 반드시 기억해야 하는 특별히 중요한 것들이 있어요. 하나님이 누구신지 그리고 예수님이 우리를 구원하기 위해 어떤 일을 하셨는지와 같은 진리를 반드시 기억해야 하는 것이지요.

 마음 열기

우리 반이 나뉘었어요! *

① 아이들을 예배실 한가운데에 세운다.

② 인도자가 문장을 읽으면, 문장에 해당하는 아이는 예배실 오른쪽으로, 해당하지 않는 사람은 예배실 왼쪽으로 이동하라고 한다.

　예) 내가 가장 좋아하는 색깔은 초록색이에요, 나는 강아지를 좋아해요, 나는 남동생이 있어요, 나는 축구를 할 줄 알아요 등.

우리는 모두 달라요. 하나님이 각 사람을 다르게 지으셨지요. 이런 차이점은 그리스도인 공동체의 장점 중 하나예요. 서로 다름에도 불구하고, 하나님의 말씀 안에 있는 진리가 우리를 하나 되게 하지요. 오늘은 거짓 교사들이 나타나 거짓된 것을 가르쳤던 이야기를 들을 거예요. 이 상황에서 그리스도인들은 어떻게 반응했을까요?

소중한 추억 *

[준비물] 종이, 색연필이나 크레파스

① 아이들에게 준비물을 주고, 가장 좋아하는 기억을 그려 보라고 한다.

② 완성한 그림을 발표하는 시간을 가진다.

누구에게나 소중한 추억이 있어요. 특별한 사람과 특별한 일을 했거나, 특별한 장소에 갔던 일을 기억하지요. 가끔은 아무리 기억하고 싶어도 기억이 잘 나지 않을 때가 있어요. 그래서 사진을 찍고, 일기를 쓰고, 기념품을 모으지요. 기억하는 일은 중요하지만 때로는 어려울 수도 있어요. 오늘 성경 이야기는 예수님이 우리 믿음의 기초가 되신다는 사실을 기억하는 것이 얼마나 중요한지 알려 줄 거예요.

교사를 위한 기록장 이 과를 준비하면서 깨닫게 된 묵상을 정리해 보세요.

· 하나님이나 나에 대해 새롭게 알게 된 것은?

· 기억해야 할 하나님의 말씀은?

· 아이들에게 전하고 싶은 메시지는?

가스펠 설교 

 들어가기

[준비물] 우주복, 헬멧

우주복을 입고, 헬멧을 들고 들어온다.

여러분, 잘 지냈나요? 저는 우주선을 발사하기 위해 준비를 하고 있어요. 정말 신나면서도 조금은 혼란스러워요. 무슨 말이냐고요? 우리 팀은 한 달째 비행 훈련을 하고 있는데, 매번 같은 방법으로 훈련하거든요. 그런데 오늘 어떤 사람이 이제는 다른 방식으로 훈련을 해야 한다고 말하더라고요. 그는 자신이 숙련된 우주공학자라고 말했는데, 그 사람이 가르치는 방식은 우리가 그동안 배웠던 것과 달랐어요. 그 사람을 믿어도 될까요? 아이들의 대답을 기다린다. 제 생각에는 원래 하던 방식으로 훈련하는 것이 좋을 것 같아요. 그동안 계속 훈련했던 방식이라 그것이 더 효과적이라는 사실을 알고 있거든요.

그러고 보니 오늘 들을 성경 이야기가 생각나는군요. 예수님의 동생이었던 유다가 쓴 편지에 관한 이야기에요. 예수님을 따르는 사람들에게 어떤 사람들이 찾아와 가르치기 시작했어요. 그런데 그들이 가르치는 것은 예수님의 사도들이 가르치던 가르침과 달랐어요.

 연대표

바울이 예수님에 관해 일깨워 주었어요

바울이 빌레몬에게 편지를 보냈어요

바울이 소망을 전했어요

유다가 믿음을 지키라고 말했어요

우리는 그동안 바울의 편지에 대해 배웠어요. 바울은 하나님이 그리스도인이 어떻게 살기를 바라시는지 알려 주기 위해 편지를 썼지요. 이번 주 성경 이야기는 유다서에 나와요. 유다는 예수님의 동생이에요. 마리아와 요셉의 아들이지요. 유다는 예수님이 메시아라는 사실을 믿기 힘들어 했어요. 하지만 예수님이 죽으시고 부활하신 후에는 예수님이 누구신지 깨달았어요. 예수님은 이 세상의 구원자였어요. 그때부터 유다는 예수님을 믿고, 다른 사람들에게 어떻게 하면 구원을 받을 수 있는지 전하기 시작했어요. 그는 그리스도인들에게 편지를 써서 믿음을 굳게 지키라고 용기를 북돋워 주었어요. 연대표에서 오늘의 성경 이야기를 가리킨다. 오늘 성경 이야기의 제목은 "유다가 믿음을 지키라고 말했어요"랍니다.

 성경의 초점

성경 이야기를 시작하기 전에 먼저 '성경의 초점'을 함께 살펴보아요. '성경의 초점'의 질문과 답을 기억하고 있나요? 아이들의 대답을 기다린다. 맞아요! **우리는 다시 오실 예수님을 기다리며 어떻게 살아야 하나요? 진리를 기억하고, 믿음을 더욱 굳게 하며, 복음을 전해야 해요.** 예수님이 정확하게 언제 다시 오실지 아무도 몰라요. 하지만 예수님이 돌아오실 때까지 우리가 어떻게 살기를 하나님이 바라시는지는 확실히 알아요. 하지만 우리 힘만으로는 믿음 안에서 자라 가고, 하나님께 영광을 돌리는 모습으로 살아가는 것이 불가능해요. 하나님이 우리를 도와주시도록 완전히 믿고 의지할 때만 가능하지요. 성령님이 하나님의 영광을 위해 우리가 예수님을 닮아 가도록 변화시키세요.

성경 이야기

유다서 3~4절과 17~25절을 펴고, 설교 영상(지도자용 팩)을 보여 주거나 이야기 성경을 들려준다. 읽는 속도를 조절하면서 아이들의 몰입도를 높인다. 또는 성경을 들고 이야기하며 하나님의 거룩한 말씀의 중요성을 전달한다.

예수님에 관한 좋은 소식, 즉 복음을 들은 사람 모두가 예수님을 믿는 것은 아니에요. 어떤 사람은 복음을 거부하고, 어떤 사람은 일부만 받아들이지요. 심지어 복음에 다른 내용을 더하려고 하는 사람도 있어요.

유다는 이와 관련한 내용으로 편지를 썼어요. 그는 거짓 교사들이 교회에 들어와 거짓된 것을 가르치고 죄를 짓게 만드는 것을 알았어요. 유다는 그런 사람들을 조심하라고 경고했어요! **유다는 그리스도인들에게 거짓에 속지 말고 믿음 위에 굳게 서라고 말했어요.**

우리도 마찬가지예요. 예수님에 대한 잘못된 말을 믿지 말고, 언제나 하나님의 말씀 안에서 진리를 찾아야 해요. 성경에 나오는 말씀은 믿을 수 있고, 우리가 길을 잃지 않도록 인도해 준다는 사실을 믿어야 해요. 하나님의 말씀은 누군가가 성경에 어긋나는 말을 할 때 그가 틀렸다는 것을 알게 해 주어요. 일부러 거짓말을 하든, 혹은 진리를 몰라서 그런 것이든 우리는 그들에게 복음을 전하고 그들이 진리를 믿게 해 달라고 기도해야 해요.

가스펠 링크

예수님은 어떤 사람들이 교회에 몰래 들어와 그리스도인들을 혼란에 빠뜨리고, 해치며, 하나님에게서 멀어지게 할 것이라고 말씀하셨지요. 하나님의 말씀을 연구하고, 무엇이 진리인지 기억할 때 거짓말을 발견하고 바로잡을 수 있어요. 유다는 초대교회 성도들에게 어떤 사람들이 거짓된 것을 가르치고 죄를 짓게 만들어 그들을 분열시킬 것이라고 경고했어요. 예수님은 길이고, 진리이며, 생명이에요(요 14:6 참조). 하나님의 백성을 죄로부터 보호하실 유일한 분이에요. 예수님으로 인해 우리는 기쁨으로 하나님 앞에 설 수 있어요.

복음 초청

성경과 53쪽 복음 초청 가이드를 이용해서 아이들에게 그리스도인이 되는 법을 설명해 준다. 따로 상담해 줄 사람을 정해 주고 궁금한 점이 있으면 물어보도록 격려한다.

이 시간 예수님을 마음에 모시고 싶은 친구는 함께 기도해요.

기도

하나님, 믿음을 굳게 지킬 수 있도록 우리와 함께해 주셔서 감사합니다. 거짓된 가르침을 분별할 수 있는 지혜를 주세요. 예수님과 복음에 대해 옳은 것을 알고 믿을 수 있도록 성령님 인도해 주세요. 하나님의 말씀을 읽을 때 바르게 이해하고 진리를 알 수 있도록 도와주세요. 예수님의 이름으로 기도합니다. 아멘.

적용

TIP 설교 도입이나 적용으로 활용하거나 영상을 본 뒤 소그룹으로 나누어 풍성한 대화를 이어 갈 수 있습니다.

여러분이나 여러분의 친구가 겁이 났던 적이 있나요? 그 경험을 떠올리면서 오늘의 영상을 함께 보아요.

적용 예화 영상(지도자용 팩)을 보여 준 후, 다음의 질문으로 이야기를 나눈다.

1. 넬은 왜 무서워 했나요?
2. 이선은 넬을 안심시키기 위해 어떻게 했나요?
3. 무엇이 진리인지 어떻게 알 수 있나요?
4. 성경에 어긋나는 말을 하는 사람을 만나면 어떻게 해야 할까요?

성경은 거짓 교사를 조심하라고 경고해요. 거짓 교사는 잘못된 것을 가르치는 사람들이에요. 어떤 사람은 진리를 모르면서 안다고 착각해요. 어떤 사람은 거짓이라는 것을 알면서 일부러 그리스도인들을 속이려고 해요. 거짓된 것을 가르치는 사람을 만나게 되면 진리를 꼭 붙들어야 해요. 어떤 사람의 가르침이 진리인지 아닌지를 알 수 있는 가장 좋은 방법은 성경과 비교해 보는 것이에요.

가스펠 소그룹

10~20분

나침반

[준비물] 학생용 교재 48쪽, 연필이나 색연필

① **보기** 에서 알맞은 단어를 선택해 디모데후서 3장 16~17절을 완성해 보라고 한다.

② 완성한 성경 구절을 여러 번 읽으며 외우게 한다.

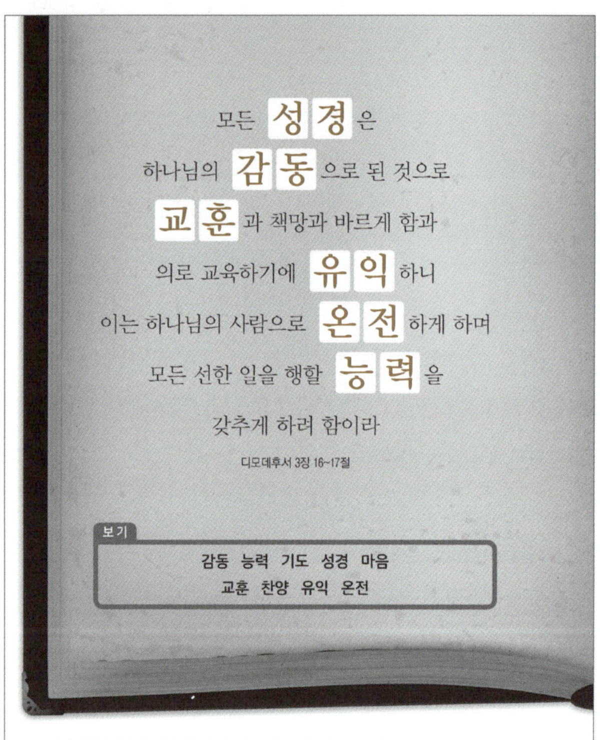

— 이 성경 구절을 보면 하나님의 말씀이 얼마나 중요한지 알 수 있어요. 하나님의 말씀은 우리에게 진리를 가르쳐 주고, 우리가 하나님이 기뻐하시는 모습으로 살 수 있도록 준비시켜요. 하나님의 말씀만이 우리를 도와줄 수 있어요.

보물 지도

뒤집어 짝 맞추기

[준비물] 성경, 색인 카드, 사인펜, 화이트보드, 보드마커

① 성경에서 유다서 3~4절과 17~25절을 펴게 한다.

② 유다서는 신약성경의 맨 마지막 책인 요한계시록 바로 앞에 있다고 말해 준다.

③ 화이트보드에 질문을 적고, 색인 카드에는 답을 써 둔다.

1 오늘 성경 이야기는 성경 어디에 나오나요? 유다서

2 유다는 예수님과 어떤 관계였나요? 유다는 마리아와 요셉의 아들로 예수님의 동생이었다

3 유다는 왜 이 편지를 썼나요? 성도에게 단번에 주신 믿음의 도를 위하여 힘써 싸우라는 편지로 권하여야 할 필요를 느껴서 썼다 (유 3)

4 초대교회 성도들은 어떤 위험에 놓였나요? 거짓 교사들이 교회에 들어와 예수님에 대해 거짓된 것을 가르쳤다 (유 4, 18~19)

5 2단원 암송 구절은 성경 어디에 있는 말씀인가요? 디모데후서

6 진리는 어디에서 찾을 수 있나요? 성경, 하나님의 말씀

7 우리는 다시 오실 예수님을 기다리며 어떻게 살아야 하나요?
진리를 기억하고, 믿음을 더욱 굳게 하며, 복음을 전해야 해요

④ 아이들에게 색인 카드를 하나씩 고르고, 색인 카드에 적힌 답에 해당하는 질문 순서대로 줄을 서라고 한다.

⑤ 첫 번째 아이부터 질문과 답을 말하게 한다.

— 유다는 그리스도인들이 거짓 교사들의 잘못된 가르침 때문에 예수님을 따르지 않고 죄를 지을 위험에 놓이자 편지를 썼어요. 언젠가 우리에게도 이런 일이 일어날 수 있어요. 복음을 듣는 사람 모두가 복음을 바르게 믿는 것은 아니에요. 어떤 사람은 예수님을 안다고 주장하면서 잘못된 것을 가르치기도 해요. 그럴 때는 믿음을 굳게 지키고 진리를 알 수 있는 지혜를 달라고 기도해야 해요.

탐험하기

글자들을 지켜라!

[준비물] 학생용 교재 49쪽, 연필이나 색연필

① 아래 지시를 따라 단어를 찾아보라고 한다.

② 완성된 주제를 읽고, 예수님이 다시 오실 때까지 믿음 위에 굳게 서야 한다는 것을 강조한다.

— 유다는 초대교회 성도들에게 어떤 사람들이 거짓된 것을 가르치고 죄를 짓게 만들어 그들을 분열시킬 것이라고 경고했어요. 예수님은 길이고, 진리이며, 생명이에요(요 14:6 참조). 하나님의 백성을 죄로부터 보호하실 유일한 분이에요. 예수님으로 인해 우리는 기쁨으로 하나님 앞에 설 수 있어요.

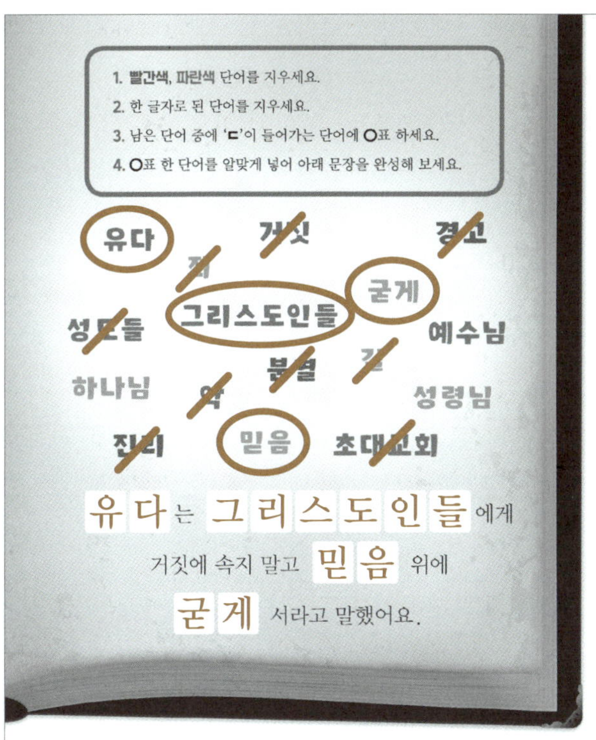

믿음의 방패 ∗

[준비물] 두꺼운 A4 종이, 가위, 크레파스, 사인펜, 스티커, 신문지

① 두꺼운 종이를 방패 모양으로 잘라 인원수대로 준비한다.

② 아이들에게 방패에 '믿음'이라고 크게 적은 후, 신문지를 뭉쳐 종이 공을 만들라고 한다.

③ 인도자가 신문지 공을 던지면, 아이들은 믿음의 방패를 이용해 공을 막으라고 한다.

—— 우리도 죄를 짓게 만들거나 하나님을 그만 따르게 만들려는 사람을 만날 수 있어요. 그럴 때 우리 마음과 생각을 지키려면 무엇이 필요할까요? 눈에 보이는 방패는 아무런 도움이 되지 않아요. 바울이 하나님의 전신 갑주에 관해 이야기한 것을 기억하나요? 성경은 믿음이 적의 공격에서 우리를 보호해 준다고 가르쳐요. 하나님을 믿고 의지하는 것은 언제나 우리를 지키는 든든한 방패가 되지요! 믿음의 방패로 하나님을 믿는 믿음을 잘 지켜 내길 바라요.

강한 사람 그리기 ∗

[준비물] 전지, 색연필이나 크레파스

① 아이들을 2~3팀으로 나누고, 준비물을 나누어 준다.

② 각 팀에서 한 명씩 종이 위에 눕게 하고, 나머지 아이들이 누운 아이의 신체 윤곽선을 따라 그리게 한다.

③ 윤곽선 안에 사람을 강하게 만드는 것들을 그림이나 글로 표현해 보라고 한다.

④ 팀별로 완성한 그림을 발표하는 시간을 갖는다.

—— 여러분이 생각하기에 정말 강한 사람을 알고 있나요? 그 사람은 어떻게 강한 사람이 되었나요? 오늘 성경 이야기에서 **유다는 그리스도인들에게 거짓에 속지 말고 믿음 위에 굳게 서라고 말했어요.** 믿음 위에 굳게 서는 강한 사람이 되려면 어떻게 해야 할까요? 하나님의 말씀을 바로 알고, 말씀 안에서 믿음을 지켜야 해요.

 보물 상자

나만의 기록장

[준비물] 학생용 교재 50쪽, 연필이나 색연필

성경 이야기를 통해 알게 된 것을 글이나 그림으로 표현해 보라고 한다.

· 이 성경 이야기를 통해 하나님이나 복음에 대해 알게 된 사실은 무엇인가요?

· 이 성경 이야기를 통해 나에 대해 알게 된 사실은 무엇인가요?

· 나는 누구에게 이 성경 이야기를 들려줄 수 있을까요?

메시지 카드

이번 주 메시시 카드로 부모님과 함께 오늘 배운 성경 이야기를 나누어 보라고 한다.

기도

하나님, 유다를 통해 거짓에 속지 말고 믿음 위에 굳게 서야 한다는 것을 배웠습니다. 하나님의 말씀을 바로 알고 믿음을 지킬 수 있도록 함께해 주세요. 성령님의 능력으로 하나님의 말씀대로 살아가도록 인도해 주세요. 예수님의 이름으로 기도합니다. 아멘.

9

베드로가 주님의 날을 기다리라고 했어요

벧후 3:1~13

베드로의 믿음의 여정은 예수님이 "나를 따라오라"(마 4:19)라고 말씀하셨을 때 시작되었습니다. 갈릴리 출신의 어부인 베드로와 그의 형제 안드레는 그물을 버려두고 예수님을 따랐습니다.

예수님의 열두 제자 중 한 사람이었던 베드로는 예수님의 기적과 가르침을 직접 목격한 사람이었습니다. 그는 예수님이 자신의 장모를 고치시는 것을 보았고, 어린 소녀를 죽은 자 가운데서 살리시는 것도 보았습니다(마 8:14; 눅 8:49~55 참조). 예수님이 물 위를 걸으시는 것도 보았고, 베드로 자신이 물 위를 걷기도 했습니다(마 14:25~29 참조).

베드로는 예수님이 메시아라고 믿었기에(마 16:16 참조), 자신이 예수님을 부인할 것이라고 예수님이 말씀하셨을 때 무척 속상해 했습니다(마 26:34~35 참조). 예수님이 동산에서 기도하시는 동안 잠들었던 베드로는 예수님이 체포되실 때 예수님을 지키려고 칼을 뽑아 들었습니다(마 26:40; 요 18:10 참조).

베드로는 예수님을 세 번 부인했지만, 부활하신 예수님은 베드로와 다른 제자들을 찾아오셨습니다. 그리고 갈릴리 호수에서 베드로를 사역을 위해 다시 부르셨습니다(요 21:15~19).

사도행전 1~12장에는 오순절 사건 이후 성령님이 베드로를 통해 일하시는 것이 기록되어 있습니다. 하나님은 베드로에게 복음은 유대인과 이방인 모두를 위한 것이라는 사실을 알려 주셨습니다. 베드로는 복음을 전한다는 이유로 체포되어 감옥에 갔지만 주님의 천사가 그를 구해 냈습니다(행 12:1~9 참조).

두 번째 편지를 쓸 무렵에도 베드로는 감옥에 있었습니다. 그는 자신에게 죽음이 임박한 것을 알았습니다(벧후 1:13~15 참조). 유다와 마찬가지로 베드로도 거짓 교사들에 대해 경고했습니다. 어떤 사람들은 예수님이 다시 오실 것이라고 믿는 그리스도인들이 어리석다고 생각했습니다. 베드로는 하나님은 오래 참으시며 모든 사람이 예수님을 믿게 되기를 바라신다고 말했습니다. 얼마 후 베드로는 예수님이 예언하신 대로 로마에서 죽임을 당했습니다(요 21:18~19 참조).

주 제

베드로는 예수님이 곧 다시 오실 것이기 때문에 예수님께 순종하며 다른 사람들에게 예수님을 전해야 한다고 말했어요.

가스펠 링크

하나님은 오래 참으시며 모든 사람이 예수님을 믿게 되기를 바라세요. 우리는 예수님이 오심으로 새 하늘과 새 땅이 만들어질 날을 간절히 기다려요.

● ● 티칭 포인트

베드로의 편지는 약 2천 년 전, 예수님이 이 땅에 사셨던 때로부터 얼마 지나지 않은 시기에 살았던 그리스도인들에게 쓰였습니다. 우리는 여전히 예수님의 재림을 간절히 기다리고 있습니다. 그리고 하나님은 우리에게 이 땅에서의 시간을 하나님을 더 잘 알고, 더 사랑하며, 다른 사람에게 복음을 전하는 기회로 삼으라고 명하십니다.

베드로가 주님의 날을 기다리라고 했어요 벧후 3:1~13

예수님이 하늘로 올라가신 후 30년이 흘렀어요. 예수님의 열두 제자 중 한 명이자 가장 가까운 친구였으며, 교회의 지도자였던 베드로는 이제 나이가 많이 들었어요. 다른 그리스도인들을 위해 편지를 쓰고 있는 지금은 로마의 감옥에 갇혀 있는 상태였어요.

베드로는 성도들에게 죄를 짓도록 유혹하는 거짓 교사들을 조심하라고 경고했어요. 그는 성도들이 거짓 교사들의 꾐에 빠져 예수님을 떠날까 봐 걱정했어요. 베드로는 어떻게 살아야 하는지 알기 위해서는 말씀으로 돌아가야 한다고 말하면서, 예수님은 성도들이 어떻게 살기를 바라시는지 알려 주었어요.

베드로는 예수님이 다시 오실 날에 관해서도 썼어요. 어떤 거짓 교사들은 예수님이 결코 다시 오시지 않을 것이라고 말했어요. 하지만 베드로는 예수님이 다시 오겠다고 약속하실 때 바로 그 자리에 있었어요! 그래서 성도들에게 준비하고 있으라고 말했지요.

베드로는 사랑하는 성도들에게 선지자들의 말과 주님의 명령을 일깨워 주었어요. "먼저, 사람들이 여러분을 비웃을 것입니다. 그들은 '예수님이 다시 오신다는 약속이 어디 있느냐? 세상 모든 것이 하나도 변하지 않고 그대로 있다'라는 식으로 말할 것입니다.

하나님은 약속하신 것을 이루시는데 더디신 분이 아닙니다. 예수님을 모르고 죽는 사람이 없게 하려고 오래 참으시는 것입니다. 하나님은 모든 사람이 죄를 회개하고 하나님을 믿기를 바라십니다!"

베드로는 또 이렇게 말했어요. "주님의 날은 우리가 기대하지 않고 있을 때, 도둑같이 올 것입니다. 그때까지 여러분은 성령님의 능력으로 거룩하게 살아야 합니다. 하나님이 기뻐하시는 모습으로 사십시오. 예수님

이 다시 오시면 새 하늘과 새 땅이 이루어질 것입니다."

당시에는 로마 황제가 그리스도인들을 핍박했어요. 그리스도인들을 잡아 벌을 주거나 죽이기까지 했지요. 이 편지를 쓴 후 얼마 지나지 않아 베드로도 예수님을 따른다는 이유로 죽임을 당했어요.

● ● 가스펠 링크

어떤 사람들은 예수님이 다시 오실 것이라고 믿는 그리스도인들이 어리석다고 생각했어요. 베드로는 하나님은 오래 참으시며 모든 사람이 예수님을 믿게 되기를 바라신다고 말했어요. 때가 이르면 예수님이 다시 오실 거예요. 우리는 예수님이 오심으로 새 하늘과 새 땅이 만들어질 날을 간절히 기다려요.

 ## 환영

도착하는 아이들을 반갑게 맞이하고 헌금, 출석, QT 등을 확인하며 격려한다. 새 친구가 있다면 소개한다. 편안한 분위기에서 안부를 물으며 오늘의 말씀과 관련된 화제로 이야기를 나눈다. 아이들에게 원하는 것을 얻기 위해 기다려야 했던 적이 있는지 물어본다. 자발적으로 대화에 참여하도록 이끈다.

예) "원하는 것을 얻기 위해 기다려야 했던 적이 있나요?", "얼마나 기다렸나요?", "기다리기가 쉬웠나요, 어려웠나요?" 등.

인생은 기다림의 연속인 것처럼 느껴질 때가 있어요. 롤러코스터를 탈 수 있을 만큼 키가 자라기를 기다려야 하고, 앞니가 빠지기를 기다려야 하고, 생일이 되기를 기다려야 하지요. 정말 많은 것을 기다려야 해요. 예수님이 다시 오시는 것도 말이에요! 여러분은 기다리는 일이 쉬운가요? 어려운가요?

 ## 마음 열기

준비해! *

[준비물] 종이, 연필이나 색연필

① 아이들에게 인도자가 말하는 곳에 가려면 무엇을 준비해야 하는지 종이에 적어 보라고 한다.

예) 수영장, 영화관, 피아노 연주회, 학교, 서커스장, 축구 경기장 등.

② 적은 내용을 한 사람씩 발표하게 한다.

상황과 장소에 따라 다른 복장과 장비가 필요했어요. 축구화를 신고 수영장에 가는 사람이 있을까요? 피아노 연주회에 수영복을 입고 가면 정말 우스꽝스러울 거예요. 오늘은 이 땅에 다시 오실 예수님을 맞이할 준비를 하면서 어떻게 살아야 하는지 베드로의 이야기를 들을 거예요.

베드로, 지금 몇 시예요? *

① 베드로(술래)를 한 명 정해 예배실 한쪽 끝에 세운다. 나머지 아이들은 반대쪽 끝에 가서 옆으로 나란히 서게 한다.

② 베드로에게는 벽을 바라보라고 한다.

③ 아이들에게 베드로를 향해 "베드로, 지금 몇 시예요?"라고 외치

게 한다.

④ 베드로는 "○시"라고 말하고, 아이들에게 베드로가 말한 시간만큼 앞으로 나가게 한다.

⑤ 베드로는 원하는 때에 "지금이야!"라고 말하며 뒤돌아 아이들을 잡을 수 있다고 말해 준다.

⑥ 베드로가 "지금이야!"라고 외치면, 다른 아이들은 출발선으로 재빨리 되돌아가야 한다고 일러 준다.

⑦ 베드로에게 잡힌 아이는 새로운 베드로가 되어 놀이를 시작한다.

우리는 예수님이 다시 오실 정확한 날짜와 시간을 몰라요. 예수님은 오직 하나님만 아신다고 말씀하셨어요. 예수님은 언제 오실까요? 예수님이 다시 오시기 전까지 우리는 무엇을 해야 할까요? 성경 이야기를 통해 알아보아요.

교사를 위한 기록장 이 과를 준비하면서 깨닫게 된 묵상을 정리해 보세요.

· 하나님이나 나에 대해 새롭게 알게 된 것은?

· 기억해야 할 하나님의 말씀은?

· 아이들에게 전하고 싶은 메시지는?

가스펠 설교

 들어가기

[준비물] 우주복, 헬멧

우주복을 입고, 헬멧을 들고 들어온다.

여러분, 다시 만나서 반가워요! 이제 몇 시간만 있으면 우주선을 타고 우주로 떠나요. 우리 팀은 이 일을 위해 몇 달 동안 정말 열심히 준비했어요. 얼른 떠나고 싶어 몸이 근질근질하답니다.

그토록 기다리던 순간이 마침내 다가왔다는 것이 믿어지지 않아요! 우주에 갈 생각에 들뜬 만큼 이 순간을 기다리는 일이 쉽지 않았지요. 하지만 드디어 출발할 때가 되고 보니 기다린 보람이 있군요. 그동안 끊임없이 발사 과정을 연습하고 운동도 했어요. 우주선을 발사할 날이 한참 남아 있었지만 언제나 떠날 준비를 하면서 살아야 했지요. 우주인이 되고 싶은 사람에게 게으름이란 있을 수 없는 법이니까요! 무언가를 오랫동안 기다려야 했던 적이 있나요? 기다리던 것을 마침내 얻었을 때 기분이 어땠나요? 아이들의 대답을 기다린다. 여러분과 이야기를 나누다 보니 오늘 들려줄 성경 이야기가 떠오르는군요.

연대표

바울이 빌레몬에게
편지를 보냈어요

바울이
소망을 전했어요

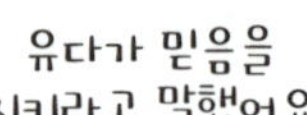

유다가 믿음을
지키라고 말했어요

베드로가 주님의 날을
기다리라고 했어요

연대표에서 지난 성경 이야기들을 가리킨다. 지난 몇 주 동안 예수님이 다시 오시기를 기다리며 어떻게 살아야 하는지에 관한 이야기들을 들었어요. 바울은 빌레몬에게 그의 종 오네시모를 용서하고 그리스도 안에서 형제로 여기라고 부탁하는 편지를 썼어요. 데살로니가 성도들에게는 많은 시험을 만나도 다시 오실 예수님을 생각하며 힘을 내라고 격려하는 편지를 썼고요. 지난주에 배운 유다의 편지는 어떤 사람들이 거짓된 것을 가르치더라도 진리를 기억하며 믿음 위에 굳게 서야 한다는 것을 알려 주었어요.

 성경의 초점

기다리는 일에 관해 이야기하다 보니 '성경의 초점'이 생각나요. **우리는 다시 오실 예수님을 기다리며 어떻게 살아야 하나요? 진리를 기억하고, 믿음을 더욱 굳게 하며, 복음을 전해야 해요.** 과연 베드로는 예수님이 다시 오시기를 기다리는 동안 어떻게 살아야 한다고 말하는지 오늘의 성경 이야기를 잘 들어 보세요.

 성경 이야기

베드로후서 3장 1~13절을 펴고, 설교 영상(지도자용 팩)을 보여 주거나 이야기 성경을 들려준다. 화이트보드에 베드로, 교회, 감옥을 그림으로 그리며 성경 이야기를 전한다. 또는 베드로가 말하는 부분에서 친한 친구와 이야기하듯이 몸을 앞으로 내밀고 부드러운 목소리로 말한다.

베드로는 예수님을 간절히 기다리는 성도들에게 계속해서 경건하게 살라고 당부하기 위해 이 편지를 썼어요. 그때 당시 예수님을 따르지 못하도록 방해하는 거짓 교사들이 있었어요. 베드로는 성도들에게 그들의 거짓 가르침을 조심하라고 경고했어요. 그리고 하나님의 말씀을 읽고 예수님에 관한 진리를 배우라고 했어요.

예수님을 기다리는 것은 쉬운 일이 아니었어요. 때때로 그리스도인들은 예수님이 다시 오실 것이라 믿는다고 놀림을 받았어요. 심지어 바보라는 말도 들었지요! **베드로는 예수님이 곧 다시 오실 것이기 때문에 예수님께 순종하며 다른 사람들에게 예수님을 전해야 한다고 말했어요.** 그는 예수님을 알았고, 예수님이 하신 약속은 반드시 이루어진다는 것도 알았어요. 예수님이 다시 오겠다고 약속하셨으니 그 약속을 반드시 지키실 거예요.

약속이 이루어질 때까지 오래 기다려야 한다는 것에 조바심이 날 수도 있어요. 하나님은 왜 이렇게 오래 기다리게 하실까요? 예수님은 왜 지금 당장 오시지 않을까요? 하나님은 이 땅에 사는 모든 사람을 사랑하시기 때문이에요. 누구도 하나님과 멀어진 상태에서 죽기를 바라지 않으세요. 모두가 구원받기를 원하시지요. 하나님의 때는 완벽해요. 예수님은 정확히 하나님이 정하신 바로 그때 오실 거예요.

우리는 지금도 예수님이 다시 오실 날을 기다리고 있어요. 이 말은 하나님이 더 많은 사람이 복음을 듣고 예수님을 믿게 되기를 기다리신다는 뜻이기도 해요. **우리는 다시 오실 예수님을 기다리며 어떻게 살아야 하나요? 진리를 기억하고, 믿음을 더욱 굳게 하며, 복음을 전해야 해요.** 복음을 전하는 것은 예수님이 더 빨리 오시도록 돕는 거예요.

 가스펠 링크

어떤 사람들은 예수님이 다시 오실 것이라고 믿는 그리스도인들이 어리석다고 생각했어요. 베드로는 하나님은 오래 참으시며 모든 사람이 예수님을 믿게 되기를 바라신다고 말했어요. 때가 이르면 예수님이 다시 오실 거예요. 우리는 예수님이 오심으로 새 하늘과 새땅이 만들어질 날을 간절히 기다려요.

 복음 초청

성경과 53쪽 복음 초청 가이드를 이용해서 아이들에게 그리스도인이 되는 법을 설명해 준다. 따로 상담해 줄 사람을 정해 주고 궁금한 점이 있으면 물어보도록 격려한다.

이 시간 예수님을 마음에 모시고 싶은 친구는 함께 기도해요.

 기도

하나님, 우리에게 다시 오실 예수님을 기다리는 소망을 주셔서 감사합니다. 우리 믿음이 흔들리지 않도록 날마다 하나님의 말씀을 읽고 기도하게 해 주세요. 서로에게 힘을 주며 믿음을 지킬 수 있도록 도와주세요. 또한 다른 사람들이 영원히 하나님과 함께하는 삶을 얻을 수 있도록 복음을 전하는 우리가 되게 해 주세요. 예수님의 이름으로 기도합니다. 아멘.

 적용

TIP 설교 도입이나 적용으로 활용하거나 영상을 본 뒤 소그룹으로 나누어 풍성한 대화를 이어 갈 수 있습니다.

반드시 기다려야 하는 일은 어떤 것이 있을까요? 어떤 경우에 기다리는 것이 덜 지루하거나, 더 지루한가요? 오늘의 영상을 보면서 함께 생각해 보아요.

적용 예화 영상(지도자용 팩)을 보여 준 후, 다음의 질문으로 이야기를 나눈다.

1 영상 속 아이들은 기다리는 것을 어떻게 생각했나요?

2 기다리는 일이 좋을 때는 언제인가요?

3 보기 싫은 영화를 보거나 관심 없는 장난감을 사려고 줄을 서서 기다릴 수 있나요?

4 좋은 것이 기다리고 있다는 사실을 알면 기다리는 일이 더 쉬워질까요?

무언가 좋은 것을 얻기 위해서라면 기꺼이 오래 기다릴 수 있어요. 아이스크림을 싫어하는 사람이 아이스크림을 먹기 위해 줄을 서서 기다리지는 않을 거예요. 예수님은 다시 오셔서 모든 것을 회복시키실 거예요. 예수님이 오심으로 만들어질 새로운 세상은 그 어떤 것보다 좋은 최고의 세상이 될 거예요! 그러니 이렇게 간절히 예수님이 다시 오실 날을 기다리는 것이지요! 기다리는 일이 늘 재미있지는 않아요. 하지만 예수님을 기다리는 일은 그럴만한 가치가 분명히 있답니다!

가스펠 소그룹

 나침반

하나님의 말씀을 외워요

[준비물] 학생용 교재 54쪽, 91~92쪽 '신약 단원 암송', 가위, 스테이플러, 꾸미기

재료(색연필, 사인펜, 스티커 등)

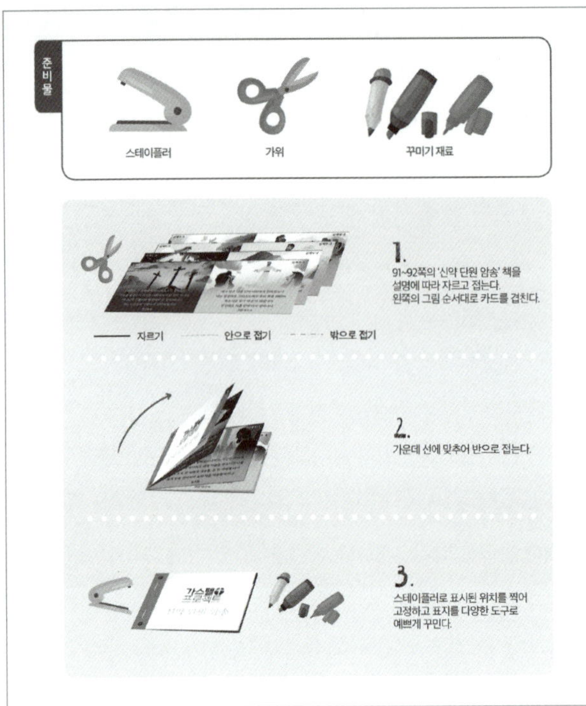

① 91~92쪽의 '신약 단원 암송'을 잘라 암송책을 만들게 한다.

② 다양한 재료로 자신만의 암송책을 꾸며 보라고 한다.

ㅡㅡ 가스펠 프로젝트 신약 전체의 흐름을 알 수 있는 암송책을 만들어 보았어요. 지금까지 외운 15개의 말씀을 모두 기억하고 있나요? 아이들의 대답을 기다린다. 하나님의 말씀을 잘 기억했으면 좋겠어요. 하나님의 말씀은 우리에게 진리를 가르쳐 주고, 우리가 하나님이 기뻐하시는 모습으로 살 수 있도록 준비시켜 주어요. 하나님의 말씀만이 우리를 도울 수 있어요. 예수님이 다시 오실 때까지 믿음을 지키며 믿음 위에 굳게 서 있길 바라요.

 보물 지도

우리 팀이 잘해요

[준비물] 성경

① 성경에서 베드로후서 3장 1~13절을 펴게 한다.

② 베드로는 예수님의 사도 중 한 명이며, 예수님을 사랑하기 때문에 어려움을 겪는 그리스도인들에게 이 편지를 썼다고 설명해 준다.

③ 아이들을 2팀으로 나누고, 한 팀씩 돌아가면서 질문한다.

④ 팀별로 의논하여 답을 말하게 한다. 정답을 맞히지 못하면 상대 팀에 기회를 준다.

⑤ 정답을 맞힐 때마다 1점씩 준다. 더 많은 점수를 얻은 팀이 이긴다.

1 오늘 성경 이야기에 나오는 편지는 누가 썼나요? 베드로

2 베드로는 예수님에 관한 진리를 어디에서 찾으라고 했나요?
선지자들이 예언한 말씀, 사도들에게 명하신 것 (벧후 3:1~2)

3 다음 문장은 참일까요? 거짓일까요? "베드로는 그리스도인들에게 예수님은 돌아오시지 않을 것이니 마음대로 살라고 말했어요."
거짓, 베드로는 예수님이 곧 다시 오실 것이기 때문에 예수님께 순종하며 다른 사람들에게 예수님을 전해야 한다고 말했어요 (벧후 3:10~11)

4 유다는 누가 그리스도인들이 죄를 짓게 만들려고 한다고 했나요?
거짓 교사들과 조롱하는 자들 (유 18~19)

5 유다는 그리스도인들에게 어떻게 하라고 당부했나요? 유다는 그리스도인들에게 거짓에 속지 말고 믿음 위에 굳게 서라고 말했어요 (유 20)

6 바울은 예수님의 재림에 관해 어느 교회에 편지를 보냈나요?
데살로니가 교회

7 바울은 데살로니가 성도들에게 무엇이라고 말했나요? 바울이 데살로니가 성도들에게 다시 오실 예수님을 생각하며 힘을 내라고 격려했어요 (살전 4:13~18)

8 우리는 다시 오실 예수님을 기다리며 어떻게 살아야 하나요?
진리를 기억하고, 믿음을 더욱 굳게 하며, 복음을 전해야 해요

ㅡㅡ 정말 잘했어요! 베드로는 예수님이 곧 다시 오실 것이기 때문에 예수님께 순종하며 다른 사람들에게 예수님을 전해야 한다고 말했어요. 이 세상은 죄로 망가졌어요. 병들거나 죽고, 고통과 슬픔이 가득하지요. 하지만 예수님은 다시 오셔서 모든 것을 새롭게 하겠다고 약속하셨어요. 예수님은 이 세상의 모든 것을 새롭게 하실 거예요. 하나님의 계획처

럼 말이에요. 예수님이 다시 오실 때까지 인내심을 가지고 기다리기가 쉽지 않아요. 하지만 하나님은 예수님이 오시는 날까지 다른 사람에게 복음을 전하도록 우리를 부르셨어요. **우리는 다시 오실 예수님을 기다리며 어떻게 살아야 하나요? 진리를 기억하고, 믿음을 더욱 굳게 하며, 복음을 전해야 해요.**

 탐험하기

[준비물] 학생용 교재 55쪽, 연필이나 색연필

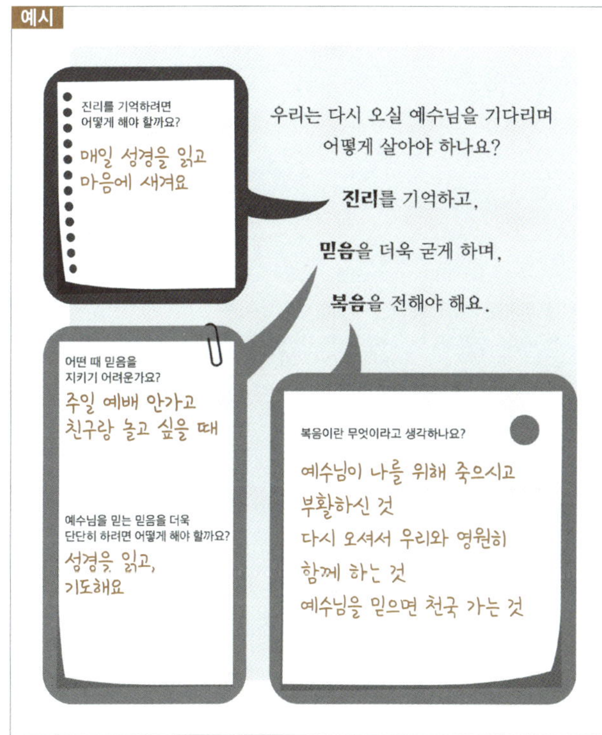

① 우리는 다시 오실 예수님을 기다리며 어떻게 살아야 하는지 물어본다.

② '성경의 초점'을 읽은 후, 말풍선을 채워 보라고 한다.

──── 어떤 사람들은 예수님이 다시 오실 것이라고 믿는 그리스도인들이 어리석다고 생각했어요. 베드로는 하나님은 오래 참으시며 모든 사람이 예수님을 믿게 되기를 바라신다고 말했어요. 때가 이르면 예수님이 다시 오실 거예요. 우리는 예수님이 오심으로 새 하늘과 새 땅이 만들어질 날을 간절히 기다려요. **우리는 다시 오실 예수님을 기다리며 어떻**

게 살아야 하나요? 진리를 기억하고, 믿음을 더욱 굳게 하며, 복음을 전해야 해요.

얼음 조각 녹이기 ＊

[준비물] 얼음, 컵

① 아이들을 2명씩 짝을 짓고, 각 팀에 얼음 조각을 담은 컵을 하나씩 준다.

② 컵 안의 얼음을 가장 먼저 녹이는 팀이 이긴다고 말해 준다.

③ 얼음을 입으로 부는 것은 괜찮지만 손을 대면 안 된다고 일러 준다.

TIP 아이들의 수가 적으면 개인별로 놀이를 진행해도 좋다.

──── 서둘러도 소용없는 일이 있어요. 얼음에 숨을 불어도 더 빨리 녹지는 않았지요? 마찬가지로 우리는 식물이 더 빨리 자라게 할 수도 없고, 하나님의 계획보다 더 빨리 예수님이 오시게 할 수도 없어요. 인내심을 가지고 기다리는 것이 힘들기도 하지만, 그래도 언젠가 예수님이 다시 오신다는 것을 알기 때문에 소망을 가질 수 있어요. **베드로는 예수님이 곧 다시 오실 것이기 때문에 예수님께 순종하며 다른 사람들에게 예수님을 전해야 한다고 말했어요.**

예수님을 기다리는 시간 ＊

[준비물] '13과 일러스트'(지도자용 팩), 라벨지, 종이 접시, 도화지, 핀, 마커

① 라벨지에 '13과 일러스트'를 종이 접시 크기로 출력해 둔다.

② 아이들에게 준비물을 나누어 주고, 시곗바늘이 있는 시계를 만들어 보라고 한다.

③ 예수님을 기다리며 성경을 읽고 기도할 시간을 정하게 한다.

④ 매일 정해 놓은 시간에 말씀을 읽고 기도하도록 독려한다.

──── **베드로는 예수님이 곧 다시 오실 것이기 때문에 예수님께 순종하며 다른 사람들에게 예수님을 전해야 한다고 말했어요.** 하나님이 생각하시는 '곧'은 우리가 생각하는 '곧'과 다를 수 있다는 점을 기억해야 해요. 하나님은 오래 참으시는 분이기 때문에 조금이라도 더 많은 사람이 복음을 듣고 죄에서 돌아설 수 있도록 시간을 주시는 거예요. 오늘 만든 시계를 볼 때마다 예수님을 기다리는 가장 좋은 방법은 예수님께 순종하며 다른 사람들에게 복음을 전하는 것이라는 점을 기억하세요.

 ## 보물 상자

나만의 기록장

[준비물] 학생용 교재 56쪽, 연필이나 색연필

성경 이야기를 통해 알게 된 것을 글이나 그림으로 표현해 보라고
한다.

· 이 성경 이야기를 통해 하나님이나 복음에 대해 알게 된 사실은 무엇인가요?

· 이 성경 이야기를 통해 나에 대해 알게 된 사실은 무엇인가요?

· 나는 누구에게 이 성경 이야기를 들려줄 수 있을까요?

메시지 카드

이번 주 메시지 카드로 부모님과 함께 오늘 배운 성경 이야기를 나
누어 보라고 한다.

기도

하나님, 베드로를 통해 예수님이 다시 오실 때까지 무엇을 해
야 하는지 배웠습니다. 우리의 믿음을 지키며, 예수님이 다
시 오실 것을 소망하고, 사람들에게 예수님을 전하도록 함께
해 주세요. 그래서 더 많은 사람이 하나님을 알 수 있도록 성
령님 인도해 주세요. 예수님의 이름으로 기도합니다. 아멘.

아이들과의 관계가 어려울 때

아이들을 오래 가르치다 보면 모든 아이가 여러분을 존경하는 것은 아니라는 사실을 깨닫게 됩니다. 여러분도 어떤 아이를 좋아하기 힘들 수 있습니다. 생활 태도나 성격, 취향이 맞지 않을 수도 있습니다. 하지만 좋아하지 않는다고 그 아이를 사랑하지 않는 것은 아닙니다. 다만 주일에 그 아이가 보이지 않을 때 안도하게 된다면 여러분은 그 아이를 좋아하는 데 어려움을 겪고 있는 것입니다.

다행히도 하나님은 여러분이 힘들어 하는 아이와 여러분 모두를 사랑하십니다. 그 사랑 때문에 하나님은 여러분을 괴롭히기로 작정한 듯한 그 아이와 여러분을 구원하려고 하나님의 아들이신 예수님을 보내신 것입니다. 대부분의 경우 아이들이 의도적으로 여러분의 원수 노릇을 하는 것이 아닙니다. 설령 갈등을 일으키는 아이의 행동이 계획적이라 하더라도 그런 경우는 아주 드뭅니다.

지금까지 저는 소그룹 운영과 훈련 그리고 긍정적인 지도에 관한 워크숍을 진행해 왔습니다. 교사들이 아이와의 갈등(어려움)을 다루는 데 도움이 되는 기술은 분명히 존재합니다. 하지만 기술적인 노력에는 한계가 있습니다. 매주 갈등이 계속되기도 하지요. 이런 어려움을 겪고 있는 교사들에게 다음의 5가지를 제안합니다.

1. 아이와의 갈등은 죄로 가득하고 타락한 세상의 직접적인 결과임을 기억하십시오.

2. 아이의 장점과 긍정적인 면에 집중하십시오.

3. 모든 아이에게 사랑받는 것이 아니라 아이들에게 성경을 가르치는 것을 목표로 삼으십시오.

4. 여러분 스스로를 보호하기 위해서가 아니라 아이의 마음을 위해 기도하십시오.

5. 소용없는 것 같더라도 낙심하지 말고 일하며 하나님의 역사하심을 기대하십시오.

무엇보다 여러분의 행동이 하나님의 말씀과 어긋날 때도 예수님은 여러분을 사랑하신다는 사실을 기억하십시오. 하나님이 그리스도 예수를 통해 여러분에게 주신 것과 똑같은 은혜를 아이에게 베풀어 보십시오.

랜드리 홈스(Landry Holmes)는 사우스웨스턴침례신학대학교 (Southwestern Baptist Theological Seminary)를 졸업하고, 교역자로 섬겼습니다. 현재 라이프웨이 키즈 출판사(LifeWay Kids Ministry Publishing)를 총괄하고 있으며, 테네시 중부에 있는 교회에서 유치부와 초등부를 가르치고 있습니다.

만물을 새롭게 하시는 하나님

예수님의 제자 요한은 예수님을 이 땅에 다시 보내시려는 하나님의 계획을 좀 더 자세히 알려 주었습니다. 예수님은 다시 오셔서 죄로 망가진 모든 것을 되돌리시고 모든 것을 영원히 새롭게 하실 것입니다.

일곱 교회를 향해
경고하셨어요

요한이 환상을
보았어요

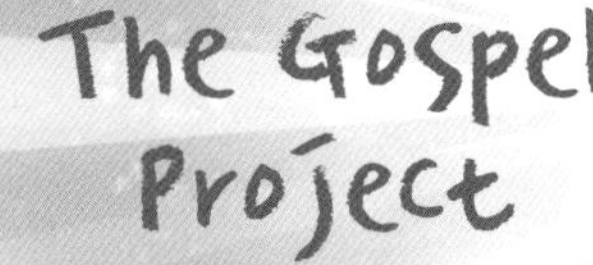

어린양께
경배해요

카운트다운 – 날아라 풍선

카운트다운 영상(지도자용 팩)을 틀고 예배 준비 자세를 취하도록 격려한다. 예배가 시작되는 시간에 영상이 끝나도록 맞추어 놓는다. 영상이 끝나기 30초 전에 예배 인도자는 정해진 위치에서 서서 조용히 기도하는 모범을 보인다.

무대 배경 – 열기구

빨래 바구니 같은 큰 바구니를 이용해 열기구를 만든다. 큰 비치볼이나 풍선을 천장에 매달고 밧줄을 늘어뜨려 바구니를 연결한다. 쌍안경이나 지도 같은 소품을 예배실 곳곳에 배치한다. 화면에 '열기구' 배경 이미지(지도자용 팩)를 띄운다.

10 요한이 환상을 보았어요

계 1:9~20

사도 요한은 밧모섬에서 요한계시록을 썼습니다. 밧모는 로마 황제가 죄수들을 유배 보내던 그리스의 작은 섬이었습니다. 아마 요한도 복음을 전한다는 이유로 체포되어 밧모섬에 유배되었을 것입니다.

이번 과에서는 아이들에게 성경의 마지막 책인 요한계시록을 소개해 주십시오. 다른 책은 과거에 일어난 일을 이야기하지만 요한계시록은 미래에 일어날 일을 말합니다. 앞으로 이루어질 하나님의 나라가 어떤 모습일지 조금 엿보는 것만으로도 성도들은 소망을 얻고 신실하게 그리스도를 섬길 힘을 얻게 될 것입니다.

요한계시록 1장에서 예수님은 요한에게 환상으로 나타나 마지막 때에 관해 말씀하셨습니다. 요한은 자신이 본 것을 기록하라는 목소리를 들었습니다. 그가 몸을 돌이켜보니 환상 속에 예수님이 계셨습니다. 예수님은 긴 옷을 입고 가슴에 금띠를 두르고 계셨습니다. 예수님의 머리와 머리카락은 눈처럼 희고, 두 눈은 불꽃처럼 빛났습니다.

요한계시록은 고도로 상징적인 책입니다. 따라서 예수님의 외양에 관한 묘사에 너무 치중하지 마십시오. 예수님의 모습은 모든 존귀를 받기에 합당하시며, 능력 있으시고, 승리하신 분이라는 예수님의 본성을 드러낼 뿐입니다.

요한은 예수님이 일곱 금 촛대 사이를 걸으시는 것을 보았습니다. 일곱 금 촛대는 일곱 교회를 상징합니다. 요한은 예수님을 보고 예수님의 발 앞에 엎드려 죽은 자와 같이 되었습니다. 예수님은 몸을 숙여 요한에게 손을 얹으셨습니다. 그리고 "두려워하지 말라"(계 1:17)라고 말씀하셨습니다. 예수님은 자신이 처음이자 마지막이며, 살아 있는 자라고 말씀하셨습니다.

● ● 티칭 포인트

아이들에게 촛대는 어두운 곳에 빛을 비출 때 사용된다고 말해 주십시오. 어두운 세상에 복음이라는 빛을 비추는 것, 그것이 바로 교회의 목적입니다. 예수님은 이 땅에 게시는 동안 십자가의 죽음과 부활로 죄와 죽음을 이기셨습니다. 이제 예수님은 하늘로 올라가 영광과 존귀 중에 게십니다. 우리는 영원히 주님과 함께 할 미래를 고대할 수 있게 되었습니다.

주 제

예수님이 요한에게 환상으로 나타나 마지막 때에 관해 말씀하셨어요.

가스펠 링크

예수님은 요한에게 자신을 보여 주시며, 예수님이 곧 처음이자 마지막이고, 살아 있는 자라고 말씀하셨어요.

요한이 환상을 보았어요 계 1:9~20

사도 요한도 다른 그리스도인들처럼 예수님을 전한다는 이유로 고통과 핍박을 겪었어요. 로마 황제는 요한에게 벌을 내려 그를 밧모섬으로 보냈어요.

요한은 밧모섬에서 환상을 보았어요. 그리고 나팔 소리 같은 큰 목소리를 들었어요. 그것은 "네가 보는 것을 두루마리에 써서 에베소, 서머나, 버가모, 두아디라, 사데, 빌라델비아, 라오디게아 일곱 교회에 보내라"라는 말씀이었어요.

요한은 누가 말하는지 보려고 뒤돌아보았어요. 일곱 금 촛대 사이에 하나님의 아들이신 예수님이 서 계셨어요. 예수님은 긴 옷을 입고 가슴에 금띠를 두르고 계셨어요.

예수님을 본 요한은 그분의 발 앞에 엎드려 쓰러졌어요. 예수님은 요한에게 손을 얹고 말씀하셨어요. "두려워하지 마라! 나는 처음과 마지막이며, 살아 있는 자다. 내가 전에 죽었으나, 보아라, 이제는 영원히 살아 있다."

예수님은 일곱 촛대가 일곱 교회를 뜻한다고 설명해 주셨어요. 그리고 요한에게 지금 보는 모든 것을 기록하라고 하셨어요.

●● 가스펠 링크

예수님은 요한에게 자신을 보여 주시며, 예수님이 곧 처음이자 마지막이고, 살아 있는 자라고 말씀하셨어요. 예수님은 이 땅에 오셔서 십자가에서 죽으시고 부활하심으로 죄와 죽음을 이기셨어요. 부활하신 예수님은 하늘로 올라가 영광과 존귀 중에 계세요.

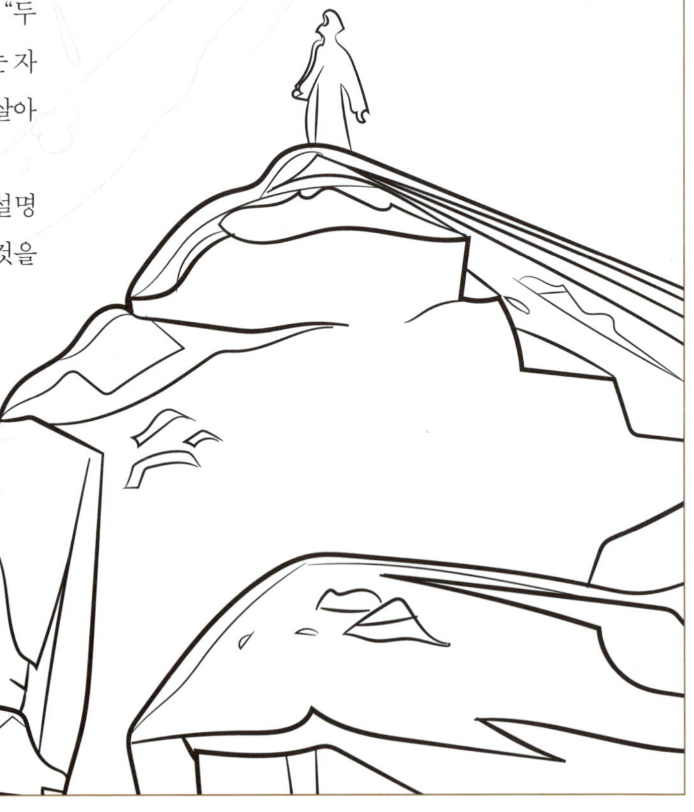

가스펠 준비

10~20분

 환영

도착하는 아이들을 반갑게 맞이하고 헌금, 출석, QT 등을 확인하며 격려한다. 새 친구가 있다면 소개한다. 편안한 분위기에서 안부를 물으며 오늘의 말씀과 관련된 화제로 이야기를 나눈다. 아이들에게 꿈을 꾸다가 깜짝 놀라 깬 적이 있는지 물어본다. 꿈에서 무슨 일이 일어났는지 이야기를 나눈다. 자발적으로 대화에 참여하도록 이끈다. 예) "꿈을 꾸다가 깜짝 놀라 깬 적이 있나요?", "어떤 꿈이었나요?" 등.

—— 요한은 꿈이 아닌 환상을 보았다고 해요. 환상이란 깨어 있는 상태에서 꾸는 꿈과 같은 것이에요. 요한은 환상으로 예수님을 보았어요. 어떤 일들이 펼쳐졌을까요? 함께 요한을 만나러 떠나 보아요.

마음 열기

나쁜 것 같지만 좋아요! *

[준비물] 색인 카드, 사인펜, 연필

① 색인 카드에 힘들거나 고통스러워 보이지만 사실은 우리에게 도움이 되는 상황을 각각 적어 둔다.

  예) 충치 뽑기, 예방 주사 맞기 등.

② 3~4명씩 팀을 나누고, 각 팀에 색인 카드를 한 장씩 준다.

③ 팀별로 카드에 적힌 상황이 왜 사실은 좋은 일인지 이유를 적어 보라고 한다.

④ 적은 내용을 발표하는 시간을 갖는다.

—— 가끔 하나님은 나쁘게 보이는 일을 통해 좋은 일을 하세요. 이 세상에 일어난 최악의 사건은 예수님이 십자가에서 죽으신 일이에요. 하지만 하나님은 그 일을 우리의 유익을 위해 사용하셨지요. 예수님의 죽음과 부활은 구원을 가져다주었어요. 오늘 성경 이야기는 예수님이 이 땅에 오실 때 일어날 일에 관한 이야기예요. 어떤 이야기일지 함께 들어 보아요.

옛것과 새것 *

[준비물] 화이트보드, 보드마커

① 화이트보드 한가운데에 세로로 선을 긋고 왼쪽에는 '옛것', 오른쪽

에는 '새것'이라고 쓴다.

② 아이들에게 '옛것'과 '새것'에 해당하는 것들은 무엇이 있는지 물어본다.

③ 아이들이 말하는 내용을 화이트보드에 적는다.

—— 양말이 닳지 않는 세상을 상상해 볼 수 있나요? 아니면 사과가 몇 년이 지나도록 시들지 않는 세상은요? 세상에 있는 모든 것이 낡아 가는 것은 이 세상이 죄로 물들었기 때문이에요. 죄는 죽음으로 이끌어요. 모든 것이 상하고 죽어 가지요. 하지만 예수님은 모든 것을 새롭게 하겠다고 말씀하셨어요. 심지어 우리까지도 말이에요! 언젠가 예수님은 모든 죄의 흔적을 말끔히 없애실 거예요. 그러면 하나님이 만드신 모든 것이 다시 완전해질 거예요.

교사를 위한 기록장 이 과를 준비하면서 깨닫게 된 묵상을 정리해 보세요.

· 하나님이나 나에 대해 새롭게 알게 된 것은?

· 기억해야 할 하나님의 말씀은?

· 아이들에게 전하고 싶은 메시지는?

가스펠 설교

 ## 들어가기

[준비물] 비행복, 쌍안경

비행복을 입고, 쌍안경을 목에 걸고 들어온다.

안녕하세요, 여러분! 저는 인도자의 이름입니다. 오늘 여러분과 함께할 수 있어 정말 기뻐요. 지난주 제 생일에 친구들이 조금씩 돈을 모아서 제가 정말 배우고 싶은 열기구 조종법 수업료를 선물로 주었어요! 저는 늘 열기구를 타고 하늘에 올라가고 싶어 했거든요.

며칠 전에 첫 번째 수업을 들었는데, 정말 최고였어요! 그렇게 하늘 높이 올라가 본 것은 평생 처음이었거든요. 저 높은 곳에서 제가 본 놀라운 광경을 아마 여러분은 믿지 못할 거예요. 하늘 위를 날면서 들판을 보았는데, 마치 논밭이 네모난 퀼트 이불 조각 같았어요! 강 위를 날면서 강이 어떻게 굽이쳐 흘러 바다에 이르는지도 보았지요. 그리고 나니 땅에 내려온 뒤에 이 세상이 전혀 다르게 보이더라고요.

오늘 여러분에게 들려주고 싶은 성경 이야기가 하나 있어요. 이 성경 이야기는 정말 놀라운 일을 경험한 사람의 이야기예요. 그 사람이 열기구를 타고 하늘에 올라간 것은 아니지만, 자신이 본 것 때문에 세상을 보는 눈이 완전히 달라졌어요.

연대표

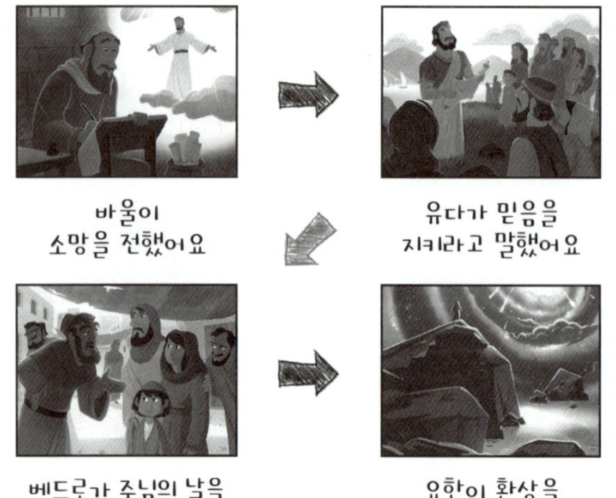

연대표에서 지난 성경 이야기들을 가리킨다. 우리는 하나님의 말씀을 통해 예수님과 이 땅에 다시 오겠다는 예수님의 약속에 대해 배웠어요. 사도들은 성도들에게 편지를 보내 주님이 오시기를 기다리면서 믿음 위에 굳게 서 있으라고 당부했지요. 오늘은 요한이 쓴 요한계시록을 읽을 거예요. 요한은 예수님의 제자이자, 가까운 친구였어요. 예수님이 사역을 시작하실 때부터 십자가에서 못 박히시는 순간까지 예수님과 함께 있었지요. 예수님이 죽은 자 가운데서 다시 살아나실 때도 다른 제자들과 함께 있었고, 예수님이 하늘로 올라가시는 모습도 지켜보았어요. 요한은 언젠가 다시 이 땅에 오셔서 모든 것을 새롭게 하겠시다는 예수님의 약속도 직접 들었어요. 연대표에서 오늘의 성경 이야기를 가리킨다. 오늘 성경 이야기의 제목은 "요한이 환상을 보았어요"예요.

 ## 성경의 초점

앞으로 몇 주 동안 요한이 본 환상에 관한 이야기를 들을 거예요. 환상 속에서 예수님은 요한에게 다가올 일에 관해 이야기하셨어요. 요한의 환상 이야기를 듣는 동안 함께 '성경의 초점'의 질문의 답을 찾을 거예요. 질문은 **"예수님이 다시 오실 때 어떤 일이 일어나나요?"**예요. 답이 무엇인지 아는 사람 있나요? 아이들의 대답을 기다린다. 다양한 대답이 나왔어요! 정답과 거의 비슷한 답도 나왔어요! 성경 이야기를 들으며 정확한 답을 알아보아요.

 ## 성경 이야기

요한계시록 1장 9~20절을 펴고, 설교 영상(지도자용 팩)을 보여 주거나 이야기 성경을 들려준다. 요한이 예수님을 만나는 부분에서 무릎을 꿇고 말한다. 또는 일곱 교회의 이름을 말할 때, 손가락을 세면서 이야기한다.

예수님의 제자였던 요한은 밧모섬에 유배되었어요. 유배된다는 것은 외딴곳에 갇혀 오랫동안 반성의 시간을 갖는 것과 비슷해요. 요한은 무슨 죄를 지었을까요? 요한은 사람들에게 예수님을 전하고, 죄에서 구원받을 수 있는 좋은 소식을 전했다는 이유로 유배되었어요. 요한은 비록 밧모섬에서 고난을 받고 있었지만, 예수님이 그에게 놀라운 환상을 보여 주셨어요!

환상은 깨어 있는 상태에서 꾸는 꿈과 같은 거예요. 요한은 환상 속에서 예수님을 보고 예수님의 말씀을 들었어요. 요한의 기분이 어땠을지 상상이 되나요? 예수님이 영광스러운 모습으로 서 계셨어요. 성경은 예수님의 머리가 눈처럼 희고, 예수님의 눈은 불꽃처럼 빛났다고 말해요. 예수님의 발은 용광로에서 제련한 청동 같고, 예수님의 목소리는 떨어지는 폭포 소리 같았지요. 요한은 그 모습에 사로잡혀 예수님의 발 앞에 엎드러지고 말았어요. 만약 여러분이 예수님의 영광스러운 모습을 보았다면 어떻게 반응했을까요? 예수님은 요한에게 어떤 일을 맡기려고 그에게 나타나셨어요. 무슨 일을 맡기셨나요? 예수님이 보여 주시는 것을 기록하는 것이었어요. **예수님이 요한에게 환상으로 나타나 마지막 때에 관해 말씀하셨어요.**

 가스펠 링크

예수님은 요한에게 자신을 보여 주시며, 예수님이 곧 처음이자 마지막이고, 살아 있는 자라고 말씀하셨어요. 예수님은 이 땅에 오셔서 십자가에서 죽으시고 부활하심으로 죄와 죽음을 이기셨어요. 부활하신 예수님은 하늘로 올라가 영광과 존귀 중에 계세요. **예수님이 다시 오실 때 어떤 일이 일어나나요? 예수님이 모든 악을 없애고 모든 것을 새롭게 하실 거예요.**

 찬양

그날의 주

그날의 주 오시면
모든 악 사라지리 모든 것 새롭게 해
능력과 부 지혜와 힘과 존귀와 영광 찬양
주님 받으소서

마라나타 주 예수여 오시옵소서
주의 교회 구원하소서
슬픔과 고통 다 사라지고 온 세상 밝히소서
주 예수여 오시옵소서
주 예수여 오시옵소서.

 복음 초청

성경과 53쪽 복음 초청 가이드를 이용해서 아이들에게 그리스도인이 되는 법을 설명해 준다. 따로 상담해 줄 사람을 정해 주고 궁금한 점이 있으면 물어보도록 격려한다.

이 시간 예수님을 마음에 모시고 싶은 친구는 함께 기도해요.

 기도

하나님, 우리에게 예수님을 보내 주셔서 감사합니다. 다시 오실 예수님을 기다리며 믿음을 지킬 수 있도록 함께해 주세요. 거짓된 가르침에 맞서 싸울 힘을 주시고, 하나님의 말씀을 읽고 진리를 알 수 있도록 지혜를 주세요. 예수님의 이름으로 기도합니다. 아멘.

 적용

TIP 설교 도입이나 적용으로 활용하거나 영상을 본 뒤 소그룹으로 나누어 풍성한 대화를 이어 갈 수 있습니다.

미래는 어떤 모습일지 궁금했던 적이 있나요? 미래를 생각하면 기분이 좋은가요? 아니면 두려운가요? 오늘의 영상을 보면서 함께 생각해 보아요.

적용 예화 영상(지도자용 팩)을 보여 준 후, 다음의 질문으로 이야기를 나눈다.

1 컵케이크들이 간절히 기다린 것은 무엇인가요?

2 미래에 일어나기를 바라는 일은 무엇인가요? 그 일은 두려운 것인가요?

3 미래가 어떤 모습일지 어떻게 알 수 있나요?

우리 인생에 앞으로 어떤 일이 일어날지 우리는 알 수 없어요. 하지만 하나님의 이야기가 어떻게 펼쳐질지는 잘 알지요. 하나님은 우리에게 성경을 주셨고, 성경에는 요한계시록이라는 책이 있어요. 예수님은 이 땅에 다시 오셔서 모든 것을 바로잡으실 거예요.

가스펠 소그룹

10~20분

 나침반

둘 중 하나

[준비물] 학생용 교재 60쪽, 연필이나 색연필

"보좌에 앉으신 이가 이르시되 보라 내가 만물을 새롭게 하노라 하시고 또 이르시되 이 말은 신실하고 참되니 기록하라 하시고"(계 21:5).

① 두 단어 중 알맞은 단어를 골라 요한계시록 21장 5절을 완성하게 한다.

② 완성한 성경 구절을 여러 번 읽으며 외우게 한다.

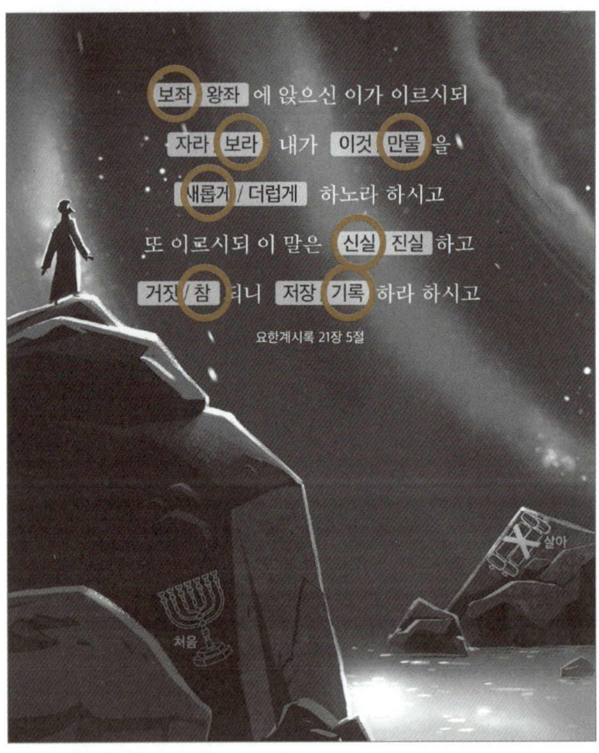

—— 이 성경 구절은 누구의 말일까요? 맞아요, 예수님이 하신 말씀이에요. 왕 중의 왕이신 예수님은 보좌에 앉아 계세요. 예수님이 모든 것을 다스리신다는 말이에요. 이 세상을 다스리시는 예수님의 약속을 믿고 기다려요.

 보물 지도

요한 이야기

[준비물] 성경

① 성경에서 요한계시록 1장 9~20절을 펴게 한다.

② 자원하는 아이에게 오늘 성경 이야기를 간단하게 말해 보게 한다.

③ 인도자가 질문하면, 정답을 아는 아이는 손을 들라고 한다.

④ 손을 든 아이 중 한 명을 지목해 답을 말하게 한다.

1 요한계시록을 쓴 사람은 누구인가요? 요한 (계 1:9)

2 요한은 어느 섬에 갇혀 있었나요? 밧모섬 (계 1:9)

3 요한은 어떤 소리를 들었나요? 나팔 소리 같은 큰 음성 (계 1:10)

4 요한은 무엇을 보았나요? 일곱 금 촛대 (계 1:12)

5 요한은 누구의 모습을 보았나요? 인자 또는 예수님 (계 1:13~16)

6 예수님은 요한에게 무엇이라고 말씀하셨나요?

두려워하지 말라 나는 처음이요 마지막이니 곧 살아 있는 자라 (계 1:17)

7 요한은 몇 개의 교회에 예수님의 말씀을 전했나요? 7개 (계 1:20)

8 예수님이 다시 오실 때 어떤 일이 일어나나요?

예수님이 모든 악을 없애고 모든 것을 새롭게 하실 거예요

—— 참 잘했어요! **예수님이 요한에게 환상으로 나타나 마지막 때에 관해 말씀하셨어요.** 두려워하는 요한에게 예수님이 살아 계신 분이라는 사실을 떠올려 주셨어요. 예수님은 자신이 처음과 마지막이라고 말씀하셨어요. 예수님에게는 끝이 없어요! 예수님은 언제나 계셨고, 항상 계실 거예요. 이 환상은 언젠가 다시 오겠다고 하신 예수님의 놀라운 약속을 떠올려 주어요! 예수님을 믿는 사람은 영원히 하나님과 함께 살게 될 거예요!

 탐험하기

요한이 본 환상

[준비물] 학생용 교재 60~61쪽, 연필이나 색연필, 성경

① 예수님이 하신 말씀에 있는 그림들을 찾아 ○표 하라고 한다.

② 그림 안에 있는 단어를 문장에 알맞게 넣어 완성하라고 한다.

—— 상징이란 눈으로 볼 수 없는 것이나 말로 설명하기 어려운 것을 이해하기 쉽게 도와주는 것을 말해요. 요한계시록에는 상징이 많이 나오지만 그것들은 모두 하나님이 가르치려고 하시는 것을 잘 이해하게 도와주어요. 그 상징을 잘 이해할 수 있게 해 달라고 기도하며, 우리를 향하신 하나님의 뜻을 알아 가야 해요.

열쇠를 가진 사람은? *

[준비물] 자물쇠, 열쇠

① 자물쇠와 짝이 되는 열쇠 하나 그리고 다른 열쇠를 인원수대로 준비한다.

② 아이들을 둥그렇게 앉히고, 술래를 한 명 정해 한가운데에 앉힌다.

③ 술래에게 자물쇠를 주고, 둘러앉은 아이들에게 열쇠를 하나씩 나누어 준다.

④ 술래가 이름을 부르면 가지고 있는 열쇠로 자물쇠를 열어 보게 한다.

⑤ 술래가 3번 만에 짝이 되는 열쇠를 찾지 못하면, 술래를 새로 정하고 열쇠를 다시 섞은 뒤 놀이를 계속한다.

예수님은 구원의 열쇠를 가지셨어요. 오직 예수님만 우리를 죽음의 권세에서 풀어 주시고, 영원히 하나님과 함께 살게 하실 수 있다는 뜻이에요. 예수님은 우리가 죄와 죽음에서 자유를 얻을 수 있는 유일한 길이에요. 우리는 예수님을 온전히 믿고, 예수님이 이끄시는 대로 살아가야 해요. 오직 예수님 안에서만 영원한 생명을 얻을 수 있기 때문이에요.

두루마리 만들기 *

[준비물] 종이, 펜, 공작용 나무 막대기, 풀, 끈

① 아이들에게 준비물을 나누어 준다.

② 종이에 오늘의 성경 이야기를 요약해 쓰고, 나무 막대기를 종이 양쪽 끝에 붙여 손잡이처럼 만들라고 한다.

③ 두루마리처럼 보이도록 종이를 가운데로 돌돌 말게 한 후, 끈으로 두루마리를 묶어 고정하게 한다.

오늘 성경 이야기에서 **예수님이 요한에게 환상으로 나타나 마지막 때에 관해 말씀하셨어요.** 예수님은 요한에게 환상으로 본 것을 두루마리에 쓰라고 하셨어요. 환상은 일곱 교회와 우리에게 보내는 말씀이었어요. 거기에는 예수님이 다시 오시기 전에 일어날 일과 예수님이 오실 때 일어날 일들이 기록되어 있어요. 예수님은 지금도 살아 계시고 곧 다시 오실 거예요. 우리는 하나님의 아들이신 예수님을 믿을 수 있어요.

 보물 상자

나만의 기록장

[준비물] 학생용 교재 62쪽, 연필이나 색연필

성경 이야기를 통해 알게 된 것을 글이나 그림으로 표현해 보라고 한다.

· 이 성경 이야기를 통해 하나님이나 복음에 대해 알게 된 사실은 무엇인가요?

· 이 성경 이야기를 통해 나에 대해 알게 된 사실은 무엇인가요?

· 이 성경 이야기에서 하나님께 더 물어보고 싶은 것이 있나요?

메시지 카드

이번 주 메시지 카드로 부모님과 함께 오늘 배운 성경 이야기를 나누어 보라고 한다.

기도

하나님, 모든 것을 다스리시는 하나님을 찬양합니다. 언젠가 예수님이 다시 오셔서 모든 것을 새롭게 하실 것이라는 약속을 주셔서 감사합니다. 예수님이 다시 오실 것을 믿고, 영원히 하나님과 함께하게 될 날을 소망하며 살아가도록 성령님 인도해 주세요. 예수님의 이름으로 기도합니다. 아멘.

11

일곱 교회를 향해 경고하셨어요

계 2~3장

단원 암송

보좌에 앉으신 이가 이르시되 보라 내가 만물을 새롭게 하노라 하시고 또 이르시되 이 말은 신실하고 참되니 기록하라 하시고 (계 21:5).

성경의 초점

예수님이 다시 오실 때 어떤 일이 일어나나요?
예수님이 모든 악을 없애고 모든 것을 새롭게 하실 거예요.

요한계시록은 요한이 본 환상에 관한 설명으로 시작합니다. 환상에서 예수님은 요한에게 일곱 교회에 전할 말씀을 주셨습니다. 예수님은 요한에게 이 말씀을 두루마리에 써서 일곱 교회에 보내라고 하셨습니다.

대부분의 경우 예수님은 교회의 선행을 칭찬하시고, 고쳐야 할 부분에 대해서는 경고하셨습니다. 그리고 주님에게 돌아올 것을 촉구하셨습니다. 예수님은 다른 것보다 주님을 향한 사랑을 잊으면 안 된다고 경고하셨습니다. 또한 시험당할 것을 두려워하지 말라고 격려하셨습니다. 악에 둘러싸인 사람들에게는 믿음을 버리지 말라고 당부하셨습니다. 예수님은 끝까지 믿음을 지키는 자들에게 상을 주겠다고 약속하셨습니다.

교회는 예수님을 믿는 사람들로 이루어져 있습니다. 그들은 서로에게 헌신하며, 함께 모여 예수님을 예배하고 복음을 전합니다. 예수님은 신랑이 신부를 사랑하듯 교회를 사랑하십니다(엡 5:25~27; 계 19:7~9 참조). 예수님은 말씀으로 교회가 죄를 버리고 끝까지 믿음을 지킬 것을 요구하셨습니다. 주님은 노하기를 더디하시고(출 34:6~7), 오래 참으시며, 모든 사람이 회개하기를 바라십니다(벧후 3:9).

● ● 티칭 포인트

요한계시록의 경고는 소아시아 지역(지금의 터키 지역)에 있는 특정한 교회들을 향한 것이었지만, 그들이 당면했던 문제는 오늘날 교회에서도 볼 수 있습니다. 아이들이 초대교회가 직면했던 문제들을 이해할 수 있도록 도와주십시오. 그들은 하나님을 충분히 사랑하지 않았고, 거짓 가르침에 속았으며, 옳지 않은 행동을 하고, 미지근했습니다. 그리스도의 대의명분에 도움이 되지 않았다는 말입니다.

우리는 교회가 복음을 전하는 일에 충실하고, 하나님 나라의 확장을 위한 효율적인 도구가 되게 해 달라고 기도해야 합니다. 예수님이 교회를 사랑하시기 때문에 우리도 교회를 사랑해야 합니다. 예수님은 그리스도인들이 협력하여 하나님의 일을 이룰 수 있도록 교회를 통해 도우십니다.

마지막으로 예수님은 그리스도인들에게 깨어 있으라고 경고하셨습니다. 주님은 아무도 예상하지 못한 때에 마치 도둑처럼 갑자기 오실 것이기 때문입니다. 그리스도인들은 그때나 지금이나 언제나 준비되어 있어야 합니다.

주 제

예수님이 일곱 교회를 향해 믿음 안에서 굳게 서라고 말씀하셨어요.

가스펠 링크

예수님은 그리스도인들이 서로 힘을 합해 하나님의 일을 할 수 있도록 교회를 통해 도우세요.

일곱 교회를 향해 경고하셨어요 계 2~3장

요한이 밧모섬에 있을 때, 그는 환상으로 예수님을 보았어요. 예수님은 요한에게 에베소, 서머나, 버가모, 두아디라, 사데, 빌라델비아, 라오디게아 일곱 교회에 주는 말씀을 받아쓰라고 하셨어요. 요한은 다음과 같이 썼어요.

"에베소 교회에 이렇게 써라. '네가 나를 처음 믿었을 때만큼 사랑하지 않는구나. 되돌아보아 회개하고 예전처럼 나를 사랑하여라.'"

"서머나 교회에 이렇게 써라. '너는 가난하고 고통받고 있지만, 사실은 부자다! 감옥에 갇히고 죽임을 당하더라도 두려워하지 마라.'"

"버가모 교회에 이렇게 써라. '너는 어려움을 겪으면서도 나에 대한 믿음을 저버리지 않고, 다른 사람에게 나를 전했다. 그러나 너희 모두가 옳은 일을 하는 것은 아니다. 어떤 사람은 믿지 않는 사람처럼 살고 있구나. 죄를 버리고 나에게 돌아오너라!'"

"두아디라 교회에 이렇게 써라. '너의 사랑과 믿음과 봉사를 안다. 너는 포기하지 않는다. 그러나 그릇된 것을 가르치는 악한 여자가 있는데, 너희 중 몇몇이 그 말을 믿고 있구나. 나는 그 여자와 그 여자의 가르침을 따르는 사람에게 벌을 내릴 것이다. 그러나 이런 가르침을 따르지 않는 사람들에게 말한다. 내가 갈 때까지 진리를 굳게 붙잡으라.'"

"사데 교회에 이렇게 써라. '사람들은 네가 살아 있는 줄 알지만, 사실 너는 죽은 자나 마찬가지다. 네가 예전에는 강한 믿음을 가졌으나 이제는 약해졌다. 깨어나라! 내가 다시 올 날을 준비하여라. 죄를 버리고 복음을 기억하여라.'"

"빌라델비아 교회에 이렇게 써라. '너는 힘이 약하지만, 내 말을 듣고 순종했다. 내가 곧 올 것이다. 계속 믿음을 지키고 나를 맞이할 준비를 하여라.'"

"라오디게아 교회에 이렇게 써라. '너는 미지근하다. 뜨겁지도 않고 차지도 않아 아무 데에도 쓸모가 없구나. 너를 입에서 뱉어 버리겠다! 너는 스스로 부자라고 생각하지만 사실은 가난하고, 눈멀고, 벌거벗었다.'"

예수님은 그들이 예수님에게 나오면 부자가 되게 해 주겠다고 말씀하셨어요. 앞을 보게 해 주고, 옷을 입혀 주겠다고 하셨지요.

예수님이 말씀하셨어요. "보아라! 내가 문 밖에 서서 문을 두드린다. 누구든지 내 목소리를 듣고 문을 열면, 내가 들어가 그와 함께 먹고 그는 나와 함께 먹을 것이다." 예수님은 믿음을 저버리지 않고 순종하는 모든 그리스도인에게 상을 주실 거예요.

요한은 이렇게 썼어요. "들을 귀가 있는 사람은 성령이 교회에 하시는 말씀을 들으십시오."

● ● 가스펠 링크

예수님은 교회를 사랑하세요. 예수님은 일곱 교회가 죄에서 떠나 끝까지 믿음을 지킬 것을 요구하셨어요. 우리는 이 교회들의 모습에서 교훈을 얻을 수 있어요. 예수님은 그리스도인들이 서로 힘을 합해 하나님의 일을 할 수 있도록 교회를 통해 도우세요.

가스펠 준비 10~20분

👑 환영

도착하는 아이들을 반갑게 맞이하고 헌금, 출석, QT 등을 확인하며 격려한다. 새 친구가 있다면 소개한다. 편안한 분위기에서 안부를 물으며 오늘의 말씀과 관련된 화제로 이야기를 나눈다. 아이들에게 꼭 따라야 할 지시를 받은 적이 있는지 물어본다. 자발적으로 대화에 참여하도록 이끈다.

예) "꼭 따라야 할 지시를 받은 적이 있나요?", "누가 어떤 지시를 했나요?", "지시를 잘 따랐나요?" 등.

―― 보통 여러분에게 지시하는 사람은 누구인가요? 여러분은 누구의 지시에 순종해야 하나요? 지시를 따르는 것이 좋은 이유는 무엇인가요? 오늘 성경 이야기에서는 예수님이 일곱 교회에 주신 지시에 관한 이야기를 들을 거예요. 예수님은 어떤 지시를 내리셨을까요?

💝 마음 열기

뜨겁거나 차갑거나 *

[준비물] '뜨겁거나 차갑거나'(지도자용 팩), 연필이나 색연필

① '뜨겁거나 차갑거나'를 인원수대로 출력해 둔다.

② 아이들에게 더운 날씨에 유용한 물건에는 □표를, 추운 날씨에 유용한 물건에는 ○표를 하라고 한다.

―― 어떤 물건은 더운 날씨에도 추운 날씨에도 모두 쓰여요. 그런데 만약 덥지도 춥지도 않은 중간 온도라면요? 오늘은 예수님이 미지근하다고 하신, 그러니까 뜨겁지도 않고 차갑지도 않다고 하신 어떤 교회에 관한 이야기를 들을 거예요. 예수님의 말씀은 무슨 뜻일까요?

지시 따르기 *

① 아이들을 2팀으로 나누고, 팀별로 심부름꾼을 한 명씩 정한다.

② 나머지 아이들은 예배실 반대편 끝에 팀별로 줄을 세운다.

③ 인도자가 심부름꾼들에게 귓속말로 명령을 내리면, 심부름꾼은 자기 팀 맨 앞에 선 사람에게 달려가 명령을 전하라고 한다.

예) 팔 벌려 뛰기를 하세요, 제자리에서 도세요, 한 발로 깡충 뛰세요 등.

④ 명령을 전달받은 아이는 명령을 수행한 뒤 줄의 맨 뒤에 가서 서

라고 한다.

⑤ 심부름꾼은 다시 인도자에게 돌아가 다음 명령을 받아야 한다고 말해 준다.

⑥ 모든 명령을 먼저 수행한 팀이 이긴다.

―― 명령을 모두 따르려니 힘들었나요? 재미있었나요? 어떤 지시는 따르기 힘들었을 거예요. 오늘 성경 이야기에서 예수님은 교회에 지시를 내리셨어요. 어떤 지시였을까요?

교사를 위한 기록장 이 과를 준비하면서 깨닫게 된 묵상을 정리해 보세요.

· 하나님이나 나에 대해 새롭게 알게 된 것은?

· 기억해야 할 하나님의 말씀은?

· 아이들에게 전하고 싶은 메시지는?

가스펠 설교

 들어가기

[준비물] 비행복, 쌍안경

비행복을 입고, 쌍안경을 목에 걸고 들어온다.

안녕하세요, 여러분! 저는 인도자의 이름이고요, 방금 열기구 수업을 마치고 왔어요. 이번 수업에서 특별했던 것은 엄청 큰 십자가를 본 거예요. 하늘에서 봤는데도 정말 크게 한 눈에 들어왔어요. 아휴, 그런데 제가 좀 더 가까이에서 보고 싶어서 제 생각대로 움직였다가 큰일 날 뻔했어요.

열기구가 무섭게 휘청거렸어요. 함께 있던 선생님에게 그렇게 하면 모두가 위험해진다고 경고를 받았어요. 비행하는 것이 익숙해졌다고 생각했다가 실수를 한 거예요. 앞으로는 첫 마음으로 안전하게 잘 타야겠어요.

그러고 보니 오늘의 성경 이야기가 생각나는군요. 예수님이 어떤 교회에 예수님을 사랑하는 첫 마음을 회복하라고 말씀하셨어요. 그리고 다른 교회에게도 특별한 편지를 보내셨지요. 어떤 내용이 담겨 있을까요?

 연대표

연대표에서 지난 성경 이야기를 가리킨다. 지난주에 요한이 밧모섬에 유배되어 있는 동안 놀라운 경험을 한 이야기를 들었어요. **예수님이 요한에게 환상으로 나타나 마지막 때에 관해 말씀하셨어요.** 예수님은 언젠가 다시 오셔서 모든 것을 새롭게 할 것이라는 말씀으로 요한에게 용기를 북돋워 주셨어요. 오늘 성경 이야기도 성경의 마지막 책인 요한계시록에 나와요. 연대표에서 오늘의 성경 이야기를 가리킨다. 제목은 "일곱 교회를 향해 경고하셨어요"예요.

 성경의 초점

오늘 성경 이야기를 시작하기 전에 '성경의 초점'의 질문을 함께 말해 보아요. **예수님이 다시 오실 때 어떤 일이 일어나나요?** 답은 무엇이었지요? 아이들의 대답을 기다린다. 맞아요! **예수님이 모든 악을 없애고 모든 것을 새롭게 하실 거예요.** 이 약속은 우리에게 영원에 대한 소망을 주어요. 오늘 성경 이야기를 들으면서 예수님이 다시 오신다는 약속이 일곱 교회에 보내는 편지 속에서 어떻게 빛나는지를 잘 살펴보세요.

 성경 이야기

요한계시록 2~3장을 펴고, 설교 영상(지도자용 팩)을 보여 주거나 이야기 성경을 들려준다. '일곱 교회 지도'(133쪽 또는 지도자용 팩)를 펼쳐 놓고 위치를 짚어 가며 일곱 교회의 이름을 말한다.

예수님이 일곱 교회에 하시는 말씀은 각기 다르지만 공통점이 있어요. 각 편지에서 예수님은 교회가 잘하는 것을 격려하고 잘못하는 것을 꾸짖으셨어요. 편지에는 예수님이 하시는 말씀에 귀를 기울이고 순종하는 사람에게 주시는 약속이 담겨 있어요.

다른 무엇보다 특별히 라오디게아 교회에 하시는 예수님의 말씀에 관해 이야기하고 싶어요. 예수님은 그 교회가 뜨겁지도 차갑지도 않다고 하셨어요. 미지근한 믿음에 대해 말씀하셨지요. 뜨거운 물은 깨끗하게 하거나 요리하는 데 쓸 수 있어요. 차가운 물은 목을 시원하게 축이고 음식을 시원하고 신선하게 보관하는 데 사용하지요. 하지만 미지근한 물로는 그런 일을 할 수 없어요. 예수님은 라오디게아 교회를 향해 그들이 하나님을 향한 뜨거운 마음으로 의롭게 살지도 않고, 하나님의 사랑을 알아야 하는 사람들의 갈증을 시원하게 해결해 주지도 않는다고 경고하셨어요.

일곱 개의 편지는 하나님의 은혜를 보여 주어요. 하나님이 교회를 얼마나 아끼시는지 잘 보여 주는 증거이지요. 편지를 통해 전해진 예수님의 말씀에 순종한 교회들은 많은 사람에게 복음을 전하는 빛이 될 수 있었어요. 그들이 하나님의 말씀대로 살았을 때, 하나님은 잃어버린 자들에게 복음을 전하는 일에 그들을 사용하셨어요.

예수님이 일곱 교회를 향해 믿음 안에서 굳게 서라고 말씀하셨어요. 이 편지들은 성경에 나오는 일곱 교회만을 위한 것이 아니에요. 우리를 위한 것이기도 해요! 예수님은 우리가 이 세상 무엇보다 예수님을 사랑하기를 바라세요. 악을 물리치는 예수님의 능력을 믿고 두려워하지 않기를 바라시지요. 그리고 죄를 회개하고 예수님에게 돌아오기를 바라세요. 또한, 예수님을 믿지 않는 사람들에게 용감하게 복음 전하기를 바라세요. 예수님은 예수님이 풍성한 삶을 주신다는 사실을 우리가 기억하기를 바라세요!

예수님을 믿으면 교회의 지체가 되어요. 이것은 교회를 향한 예수님의 경고가 우리를 향한 것이기도 하다는 뜻이에요. 예수님은 우리에게 영원한 생명을 주려고 십자가에서 죽으셨어요. 하지만 예수님이 다시 오실 때까지 기다려야만 새로운 삶이 시작되는 것이 아니에요! 하나님과 함께하는 새로운 삶은 지금 바로 시작되지요. 새로운 삶을 사는 우리는 성경을 읽고 성령님의 인도하심을 따라야 해요. 그리고 다른 사람들이 하나님과 함께하는 새로운 삶을 살 수 있도록 사람들에게 복음을 전해요.

 가스펠 링크

예수님은 교회를 사랑하세요. 예수님은 일곱 교회가 죄에서 떠나 끝까지 믿음을 지킬 것을 요구하셨어요. 우리는 이 교회들의 모습에서 교훈을 얻을 수 있어요. 예수님은 그리스도인들이 서로 힘을 합해 하나님의 일을 할 수 있도록 교회를 통해 도우세요.

 복음 초청

이 시간 예수님을 마음에 모시고 싶은 친구는 함께 기도해요.

 기도

하나님, 말씀을 통해 예수님을 믿는 마음이 한결같아야 한다는 것을 배웠습니다. 일곱 교회를 통해 우리가 가져야 할 마음이 무엇인지 깨달았습니다. 하나님의 말씀을 가까이하며 더욱더 예수님을 닮아 가도록 성령님 함께해 주세요. 그래서 뜨겁게 하나님을 사랑하며 세상에 복음을 전하는 우리가 되도록 인도해 주세요. 예수님의 이름으로 기도합니다. 아멘.

 적용

TIP 설교 도입이나 적용으로 활용하거나 영상을 본 뒤 소그룹으로 나누어 풍성한 대화를 이어 갈 수 있습니다.

규칙을 어겨 경고를 받았던 적이 있나요? 그때 기분이 어땠나요? 그 경험을 생각하면서 오늘의 영상을 함께 보아요.

적용 예화 영상(지도자용 팩)을 보여 준 후, 다음의 질문으로 이야기를 나눈다.

1 에이든은 마리아의 잘못을 어떻게 바로잡아 주었나요?

2 에이든의 지적을 받았을 때 마리아의 기분은 어땠을까요?

3 경고는 우리의 유익을 위한 것이며, 우리가 죄에 빠지는 것을 막아 준다는 사실을 알고 있나요?

나쁜 선택을 할 때 누가 그것을 지적하면 기분이 나쁘거나 당황스러울 수 있어요. 하지만 결국에는 경고를 받고 그에 따르는 것이 나쁜 결과를 얻는 것보다 좋아요. 예수님이 일곱 교회를 향해 경고의 말씀을 하신 것도 그들이 하나님과 함께하는 새로운 삶을 온전히 누리기를 바라셨기 때문이에요. 우리가 죄를 선택한다고 우리의 구원이 없었던 일로 되지는 않아요. 하지만 죄 때문에 하나님의 영광을 위해 살 때 누릴 수 있는 기쁨을 누리지 못하게 되지요.

가스펠 소그룹

10~20분

나침반

차례 차례 말해요

[준비물] 3단원 암송(131쪽)

① 3단원 암송을 보여 주며 아이들에게 한목소리로 요한계시록 21장 5절을 읽으라고 한다.

② 아이들에게 한 줄로 서서 제자리에 쪼그리고 앉으라고 한다.

③ 첫 번째 사람부터 순서대로 일어나며 암송 구절을 한 어절씩 외우라고 한다.

④ 마지막 아이는 "요한계시록 21장 5절 말씀, 아멘!"이라고 말해야 한다고 알려 준다.

⑤ 아이들의 앉는 순서를 바꾸고 속도를 높여 가며 여러 번 반복한다.

── 참 잘했어요! 이 말씀은 장래에 어떤 일이 있을지 잘 알려 주어요. 곧 예수님이 다시 오실 것이고, 왕 중의 왕이 되어 다스리실 것이며, 세상의 모든 깨어진 것을 고치실 거예요. 삶이 어렵거나 두려워도 예수님이 다시 오실 것을 믿으며 의지할 수 있어요.

보물 지도

일곱 교회를 향한

[준비물] 학생용 교재 66쪽, 연필이나 색연필

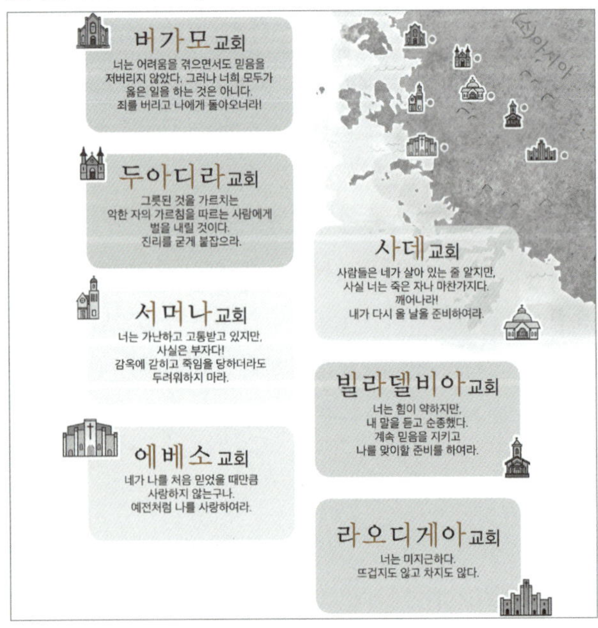

① 하나님이 일곱 교회에 경고의 말씀을 하셨다는 것을 말해 준다.

② 각 교회에 어떤 말씀을 하셨는지 물어본다.

③ 각 교회에 적힌 글을 읽고 초성을 채워 교회의 이름을 완성하게 한다.

TIP 지도에 각 교회 이름을 적어 넣어, 일곱 교회의 위치를 알려 주어도 좋다.

── **예수님이 일곱 교회를 향해 믿음 안에서 굳게 서라고 말씀하셨어요.** 이 말씀은 우리에게 주시는 말씀이기도 해요! 우리가 믿음 안에서 굳게 설 수 있는 것은 언젠가 이 땅에 다시 오셔서 모든 것을 새롭게 하겠시다는 예수님의 약속이 소망을 주기 때문이에요.

탐험하기

일곱 교회의 이름은?

[준비물] 학생용 교재 67쪽, 형광펜, 연필이나 색연필

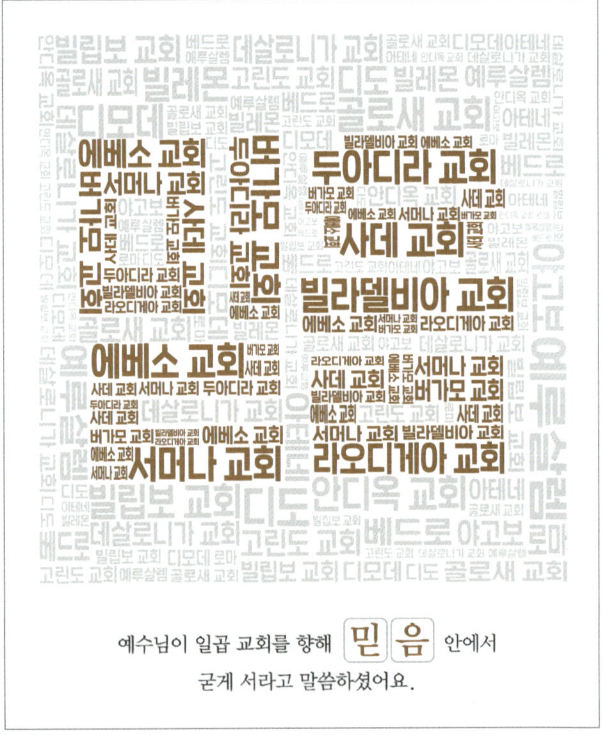

① 일곱 교회 이름을 형광펜으로 그으라고 한다.

② 나타난 단어를 빈칸에 넣어 주제 문장을 완성해 보라고 한다.

── 예수님은 교회를 사랑하세요. 예수님은 일곱 교회가 죄에서 떠나 끝까지 믿음을 지킬 것을 요구하셨어요. **예수님이 일곱 교회를 향해 믿음 안에서 굳게 서라고 말씀하셨**

어요. 우리는 이 교회들의 모습에서 교훈을 얻을 수 있어요. 예수님은 그리스도인들이 서로 힘을 합해 하나님의 일을 할 수 있도록 교회를 통해 도우세요.

일곱 교회 사방치기 *

[준비물] 마스킹 테이프, 모래주머니, 종이, 마커

① 예배실 바닥에 마스킹 테이프로 사방치기 모양을 여러 개 만든다.

② 종이에 요한과 일곱 교회의 이름을 각각 써서 사방치기 칸 안에 하나씩 둔다.

③ 아이들을 4명씩 팀을 나누고, 팀별로 사방치기 놀이를 하게 한다.

④ 먼저 모래주머니를 던지고, 주머니가 떨어진 곳에 있는 요한과 교회 이름을 크게 외친 후 사방치기를 하라고 한다.

⑤ 모든 교회를 먼저 다녀온 팀이 이긴다.

━━━ 예수님은 교회를 사랑하세요. 교회는 예수님을 믿지 않는 사람들에게 복음을 전하는 예수님의 도구예요. 하나님이 우리를 다른 그리스도인과 함께하는 공동체로 부르신 것은 은혜예요. 예수님처럼 우리도 믿음 안에서 굳게 서도록 서로 힘을 북돋워 줄 수 있어요. 이 놀이와는 달리, 다시 오시는 예수님은 아무도 건너뛰거나 지나치지 않으세요. 예수님은 한 사람 한 사람을 심판하실 거예요. 그리고 예수님을 믿는 사람은 영원히 예수님과 함께 살게 될 거예요.

일곱 교회는? *

[준비물] A4용지, 사인펜, 성경

① 종이에 일곱 교회의 이름과 각 교회에 지시하신 말씀을 각각 적는다.

· 에베소 교회 : 너의 처음 사랑이 어디서 떨어졌는지를 생각하고 회개하여 처음 행위를 가지라 (계 2:4~5)

· 서머나 교회 : 하나님이 믿음에 상을 주실 것이니 고난을 두려워하지 말라 (계 2:10)

· 버가모 교회 : 회개하고, 거짓 가르침을 믿지 말며, 다른 사람을 넘어지게 하지 말라 (계 2:14~16)

· 두아디라 교회 : 예수님이 오실 때까지 진리를 믿으라 (계 2:25)

· 사데 교회 : 깨어서 죄를 버리고 복음을 기억하고 굳게 지키라 (계 3:2~3)

· 빌라델비아 교회 : 예수님의 재림을 준비하고, 지금처럼 믿음을 지키라 (계 3:10~11)

· 라오디게아 교회 : 미지근한 태도를 버리고, 열심을 내며 회개하라 (계 3:16~19)

② 아이들에게 종이에 적힌 교회와 예수님의 말씀을 짝지어 보라고 한다.

③ 성경을 찾아 참고하게 한다.

━━━ **예수님이 일곱 교회를 향해 믿음 안에서 굳게 서라고 말씀하셨어요.** 이 말씀은 우리에게 주시는 말씀이기도 해요! 하나님을 경외하는 마음으로 하나님의 그 말씀을 믿고 순종해야 해요.

 보물 상자

나만의 기록장

[준비물] 학생용 교재 68쪽, 연필이나 색연필

성경 이야기를 통해 알게 된 것을 글이나 그림으로 표현해 보라고 한다.

· 이 성경 이야기를 통해 하나님이나 복음에 대해 알게 된 사실은 무엇인가요?

· 이 성경 이야기를 통해 나에 대해 알게 된 사실은 무엇인가요?

· 이 성경 이야기에서 하나님께 더 물어보고 싶은 것이 있나요?

메시지 카드

이번 주 메시지 카드로 부모님과 함께 오늘 배운 성경 이야기를 나누어 보라고 한다.

기도

하나님, 하나뿐인 아들 예수님을 보내 우리를 죄에서 구원해 주셔서 감사합니다. 그리고 일곱 교회에 말씀하시듯 우리에게도 하나님의 말씀인 성경을 통해 말씀해 주셔서 감사합니다. 말씀과 함께 우리 안에 계신 성령님의 인도하심에 따라 하나님께 영광 돌리며 살아갈 수 있도록 도와주세요. 예수님의 이름으로 기도합니다. 아멘.

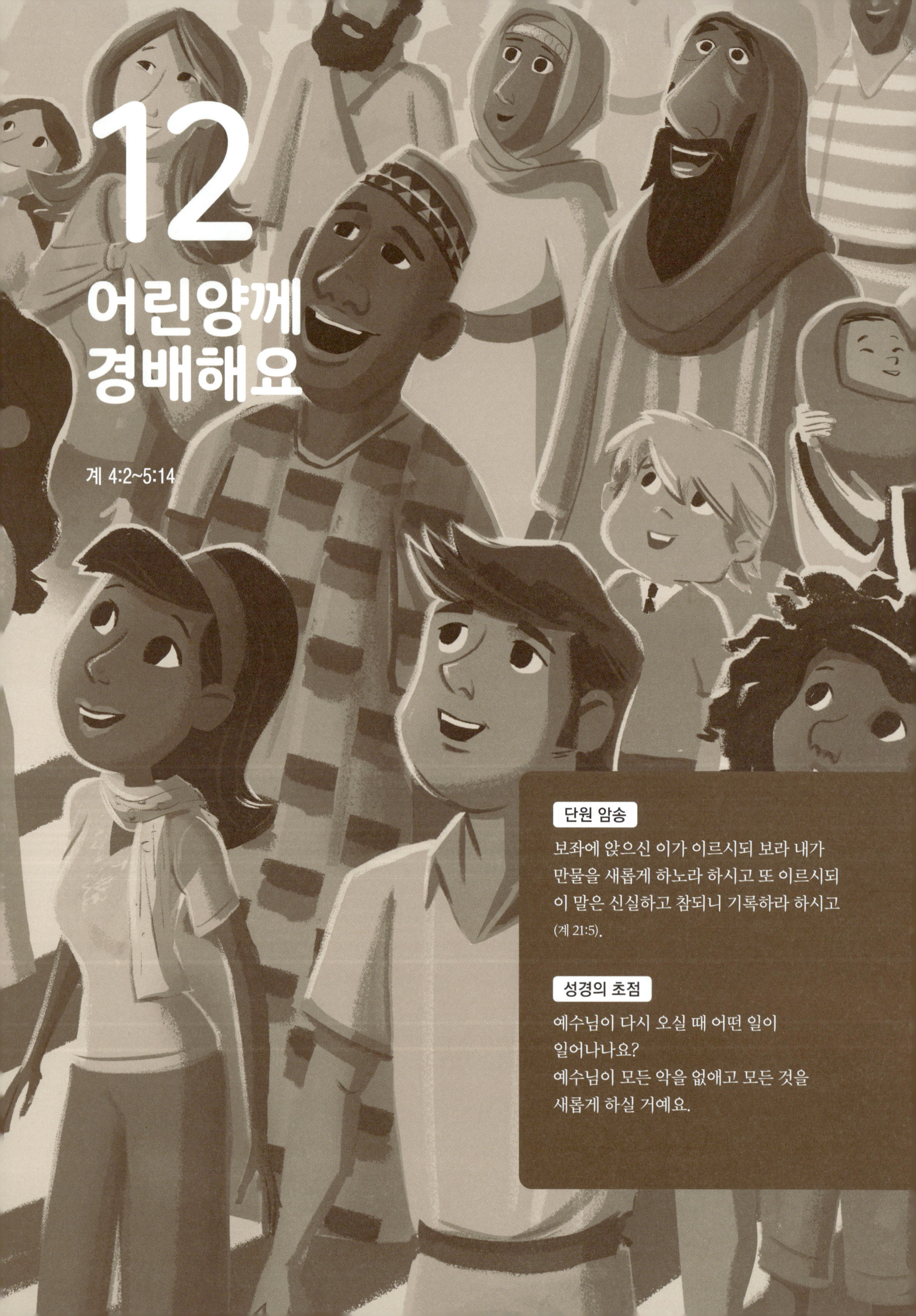

12 어린양께 경배해요

계 4:2~5:14

단원 암송

보좌에 앉으신 이가 이르시되 보라 내가 만물을 새롭게 하노라 하시고 또 이르시되 이 말은 신실하고 참되니 기록하라 하시고 (계 21:5).

성경의 초점

예수님이 다시 오실 때 어떤 일이 일어나나요?
예수님이 모든 악을 없애고 모든 것을 새롭게 하실 거예요.

요한은 밧모섬에서 환상을 보았습니다. 예수님은 요한에게 나타나셔서 마지막 때가 이르기 전에 일어날 일을 보여 주셨습니다. 요한은 자신이 본 것을 기록했습니다. 이것이 바로 요한계시록입니다. 요한은 환상으로 미래를 보았습니다. 하늘에 한 보좌가 있고, 주님이 그 보좌에 앉아 계셨습니다.

요한은 주님의 오른손에 두루마리가 있는 것을 보았습니다. 힘 있는 한 천사가 물었습니다. "누가 이 두루마리를 펼 수 있겠는가?" 그러나 하늘에는 그럴 만한 자가 아무도 없었습니다. 땅에도 없기는 마찬가지였습니다.

두루마리를 펼 자가 아무도 없는 것을 보고 요한은 큰 소리로 울었습니다! 그때 요한은 부활한 어린양이신 예수님을 보았습니다. 장로들이 그들의 관을 벗어 보좌 앞에 드렸습니다. 그리고 예수님을 경배하며 새 노래를 불렀습니다. 요한은 모든 피조물이 모든 곳에서 함께 어린양을 경배하는 것을 보았습니다.

요한계시록 4장 11절은 이렇게 말합니다. "우리 주 하나님이여 영광과 존귀와 권능을 받으시는 것이 합당하오니 주께서 만물을 지으신지라 만물이 주의 뜻대로 있었고 또 지으심을 받았나이다."

요한의 환상은 우리의 미래를 조금 엿보게 해 줍니다. 또한 우리가 처한 현실을 깨닫게 해 줍니다. 주님이 보좌 위에 앉아 계십니다. 죽으시고 부활하신 예수님은 승천하셔서 하나님의 우편에 앉으셨습니다(히 10:12 참조).

●●● 티칭 포인트

하나님의 어린양이신 예수님은 우리의 찬양을 받으실 분입니다. 요한의 환상에 나타난 모든 피조물도 예수님을 경배했습니다. 아이들을 가르칠 때, 예수님은 모든 영광을 받으실 우리의 보물이라고 말해 주십시오. 함께 노래를 부르며 주님을 경배하십시오.
예수님은 우리를 용서받게 하려고 십자가에서 죽임을 당하셨습니다. 예수님은 모든 찬양과 존귀와 감사를 받으실 분입니다. 우리는 모든 성도와 함께 하늘나라에서 영원히 예수님을 찬양할 그날을 고대합니다.

주 제

하늘과 땅의 모든 사람과 피조물이
예수님을 경배할 거예요.

가스펠 링크

요한은 부활하신 어린양을 보았어요.
그분은 바로 하나님의 아들이신
예수님이었어요. 존귀하신 예수님은 모든
찬양과 영광과 감사를 받으실 분이에요.

어린양께 경배해요 계 4:2~5:14

요한은 밧모섬에서 환상을 보았어요. 예수님이 요한에게 나타나셔서 마지막 때가 되기 전에 일어날 일을 보여 주셨어요. 요한은 자신이 본 것을 글로 썼어요.

요한이 보니 하늘에 한 보좌가 있고 거기에 누가 앉아 있었어요. 그분은 빛나는 붉은색 보석 같았어요. 에메랄드 같은 무지개가 보좌를 둘러싸고 있었어요. 보좌 주위에는 24개의 보좌가 있고, 24명의 장로가 거기 앉아 있었어요. 장로들은 모두 금으로 된 왕관을 쓰고 있었어요.

요한이 보니 보좌 주위에 네 생물이 있었어요. 요한은 이렇게 기록했어요.

"첫 번째 생물은 사자 같았습니다. 두 번째 생물은 송아지 같고, 세 번째 생물은 사람의 얼굴을 하고 있었습니다. 네 번째 생물은 날아가는 독수리 같았습니다. 네 생물은 모두 날개가 여섯 개씩 있었습니다. 그것들은 밤낮으로 이렇게 말했습니다.

'거룩하시다, 거룩하시다, 거룩하시다, 전능하신 주 하나님, 전에도 계셨고, 지금도 계시며, 장차 오실 분이다.'"

요한이 보니 생물들이 보좌에 앉으신 분께 영광과 감사를 드리고 있었어요. 장로들은 엎드려 그를 경배했어요. 그들은 이렇게 말했어요.

"우리 주 하나님! 주님은 영광과 존귀와 능력을 받으실 분입니다. 주님이 모든 것을 창조하셨기 때문입니다."

그런 다음 요한은 주님의 오른손에 두루마리가 들려 있는 것을 보았어요. 힘이 센 천사가 물었어요. "누가 이 두루마리를 펼 수 있겠는가?"

하늘에는 그럴 만한 자가 아무도 없었어요. 땅에도 그럴 만한 자가 없었어요. 두루마리를 펼 자가 아무도 없는 것을 보고 요한은 큰 소리로 울었어요! 그러자 한 장로가 말했어요. "울지 마시오! 유다의 사자가 승리했으니 그분이 그 두루마리를 펴실 것이오!"

그때 요한은 보좌 곁에 서 계신 분을 보았어요. 그분은 죽임을 당한 어린양 같았어요. 어린양이 두루마리를 받아 들자, 장로들과 생물들이 어린양이신 예수님 앞에 엎드렸어요. 그들은 예수님을 경배하고 새 노래를 불렀어요.

요한은 보좌를 둘러싼 수많은 천사의 소리를 들었어요. 그들은 큰 소리로 이렇게 노래했어요.

"죽임을 당한 어린양은 능력과 부와 지혜와 힘과 존귀와 영광과 찬양을 받으실 분입니다!"

요한은 모든 피조물이 모든 곳에서 함께 어린양을 경배하는 소리도 들었어요.

● ● 가스펠 링크

두루마리를 펼 자가 아무도 없는 것을 보고 요한은 큰 소리로 울었어요. 그때 요한은 부활하신 어린양을 보았어요. 그분은 바로 하나님의 아들이신 예수님이었어요. 예수님은 십자가에서 죽임을 당하심으로써 우리가 용서와 영원한 생명을 얻게 하셨어요. 존귀하신 예수님은 모든 찬양과 영광과 감사를 받으실 분이에요.

 환영

도착하는 아이들을 반갑게 맞이하고 헌금, 출석, QT 등을 확인하며 격려한다. 새 친구가 있다면 소개한다. 편안한 분위기에서 안부를 물으며 오늘의 말씀과 관련된 화제로 이야기를 나눈다. 아이들에게 언제 자신이 중요한 사람이라고 느끼는지 물어본다. 자발적으로 대화에 참여하도록 이끈다.

예) "자신이 중요한 사람이라고 느껴질 때가 있나요?", "나에게 중요한 사람은 어떤 사람인가요?" 등.

⎯⎯ 모두에게 중요한 사람이 있어요. 소중한 사람이고, 꼭 필요한 사람이지요. 오늘 성경 이야기에서는 예수님이 가장 중요한 분이라는 것을 배울 거예요. 예수님은 위대한 분이시지요. 성경 이야기를 통해 예수님에 대해 자세히 알아보아요.

 마음 열기

근사한 의자에 앉을 사람은 누구? *

[준비물] 근사하게 꾸민 의자, 포스트잇, 연필

① 예배실 한가운데에 근사하게 꾸민 의자를 놓는다.

② 아이들에게 포스트잇과 연필을 나누어 주고, 의자에 앉을 자격이 있는 사람의 이름이나 직책을 써서 의자에 붙이라고 한다.

③ 모든 아이가 붙이면 인도자가 포스트잇을 하나씩 떼며 읽어 순다.

⎯⎯ 근사한 의자에 앉은 사람을 만난다면 여러분은 어떻게 반응할 것 같아요? 다가가서 이야기하고 싶을까요? 오늘은 요한이 하늘나라에 계신 예수님의 모습을 환상으로 본 이야기를 들을 거예요. 하늘나라의 보좌에는 누가 앉아 있을지 함께 알아보아요.

4개의 사각형 *

[준비물] 마스킹 테이프, 공

① 예배실 바닥에 마스킹 테이프로 큰 정사각형을 만들고, 가운데에 십자 모양으로 테이프를 붙여 4칸을 만든다. 각 칸에 1부터 4까지 번호를 붙인다.

② 아이들을 한 줄로 세우고, 앞에서부터 4명을 각 칸에 들어가게 한다.

③ 1번 아이에게 공을 주고, 자신이 있는 칸에서 공을 한 번만 팅겨 2번 친구에게 주라고 한다.

④ 2번 아이는 3번 아이에게, 3번 아이는 4번 아이에게 공을 팅겨 주며 순서대로 공이 돌아가게 한다.

⑤ 공을 2번 이상 팅기면 탈락하며 줄 맨 뒤로 가서 서야 한다고 말해 준다.

⑥ 탈락자가 생기면 나머지 사람은 한 칸씩 옆으로 움직이고, 다음 차례의 아이가 빈칸에 들어오게 한다.

⑦ 놀이를 진행하다가 인도자가 "그만"이라고 외치면, 마지막에 1번 칸에 남아 있는 아이가 이긴다.

⎯⎯ 1번 칸이 마치 이 게임의 왕이 앉는 보좌 같군요. 경기를 잘한 사람은 1번 칸, 보좌에 한동안 머물러 있을 수 있었어요. 오늘은 이것과는 다른 보좌에 관한 이야기를 들을 거예요. 그런데 이 보좌에 앉은 사람은 절대로 그 자리에서 쫓겨나지 않아요. 이 사람은 누구일까요?

교사를 위한 기록장 이 과를 준비하면서 깨닫게 된 묵상을 정리해 보세요.

· 하나님이나 나에 대해 새롭게 알게 된 것은?

· 기억해야 할 하나님의 말씀은?

· 아이들에게 전하고 싶은 메시지는?

가스펠 설교

15~30분

들어가기

[준비물] 비행복, 쌍안경

비행복을 입고, 목에 쌍안경을 걸고 들어온다.

안녕하세요, 여러분! 저는 인도자의 이름이고요, 정말 신나는 열기구 여행을 마치고 돌아오는 길이랍니다. 이번에는 우리 집 바로 위를 지나가서 더 신나고 즐거웠어요! 아무리 봐도 정말 신기해요. 땅에 있을 때 그렇게 커 보이던 것들이 기구를 타고 하늘로 올라가면 정말 작게 보이니 말이에요! 저는 열기구를 타고 하늘 높이 올라가는 것이 참 좋아요. 마치 왕이 되어 왕국을 내려다보는 느낌이 들거든요. 왕이 되면 참 재미있을 것 같아요. 하지만 부담감도 아주 크겠지요? 모든 백성이 행복하게 살 수 있도록 잘 돌보아야 하니까요. 감사하게도 저는 왕이 될 필요가 없어요. 오히려 저를 돌보아 주는 완벽한 왕이 있다는 사실을 알기 때문에 편히 쉴 수 있지요. 그분은 누구일까요? 아이들의 대답을 기다린다. 맞아요, 예수님이에요!

그리고 보니 오늘의 성경 이야기가 생각나네요. 예수님과 비교하면 기구를 타고 하늘에 올라가는 것은 별것 아니에요. 예수님의 왕국은 하늘에서 볼 수 있는 정도가 아니에요. 예수님은 온 우주까지 다스리시지요!

연대표

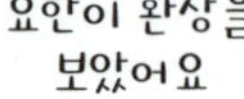

요한이 환상을 보았어요

일곱 교회를 향해 경고하셨어요

어린양께 경배해요

마라나타! 예수님, 어서 오세요!

지금 우리는 신약성경 어느 책에 나오는 이야기를 배우고 있나요? 아이들의 대답을 기다린다. 맞아요! 요한계시록이에요. 지난주에 **예수님이 일곱 교회를 향해 믿음 안에서 굳게 서라고 말씀하셨다**는 것을 배웠어요. 오늘도 요한이 본 환상에 관해 좀 더 배울 거예요. 연대표에서 오늘의 성경 이야기를 가리킨다. 오늘 성경 이야기의 제목은 "어린양께 경배해요"랍니다.

성경의 초점

성경 이야기를 하기 전에 먼저 '성경의 초점'을 살펴볼까요? **예수님이 다시 오실 때 어떤 일이 일어나나요?** 아이들의 대답을 기다린다. 맞아요! **예수님이 모든 악을 없애고 모든 것을 새롭게 하실 거예요.** 이 말은 우리가 지금은 어려움과 고통과 슬픔을 겪고 있지만, 예수님이 오시면 그런 일이 모두 사라질 거라는 뜻이에요. 우리는 예수님이 반드시 다시 오실 것을 알아요. 예수님은 언제나 약속을 지키시는 분이니까요.

성경 이야기

요한계시록 4장 2절~5장 14절을 펴고, 설교 영상(지도자용 팩)을 보여 주거나 이야기 성경을 들려준다. '거룩하시다'(지도자용 팩)를 보여 주며 성경 이야기에서 해당하는 글을 말할 때 아이들에게 큰 목소리로 읽으라고 한다. 또는 손동작을 하며 환상이나 미래의 현실을 표현해 본다.

정말 놀라운 이야기예요. 요한은 환상으로 놀라운 장면을 보았어요. 오늘 성경 이야기에는 하늘나라에 대한 묘사가 많이 나와요. 마치 요한이 눈 앞에 펼쳐진 놀라운 광경을 말로 표현하려고 최선을 다하는 것 같아요.

혹시 아름다운 노을을 보면서 다른 사람에게 설명할 적당한 말을 찾을 수 없었던 적이 있나요? 요한의 기분이 바로 그랬을 거예요. 수많은 천사가 오직 한 분이신 진정한 왕을 찬양하고 있었어요. 처음 보는 신기한 생물들도 하나님을 찬양했고요. 하늘나라는 놀라운 곳이에요. 예수님을 직접 만나게 될 테니까요. 모든 죄는 완전히 사라지고, 우리는 마음을 다해 하나님을 경배하게 될 거예요! **하늘과 땅의 모든 사람과 피조물이 예수님을 경배할 거예요.**

요한이 두루마리를 펼 사람이 아무도 없는 것을 보고 우는 장면을 눈여겨보세요. 하나님의 나머지 이야기를 보려면 먼저 그 두루마리를 펴야 했어요. 두루마리는 봉인되어 있었고, 오직 한 분만 그것을 펼 능력과 자격이 있었어요. 누구일까요? 아이들의 대답을 기다린다. 바로 죽임을 당한 어린양이에요. 예수님이시지요! 두루마리를 펼쳐 나머지 하나님의 계획을 이루실 분은 오직 예수님뿐이에요.

 ## 가스펠 링크

두루마리를 펼 자가 아무도 없는 것을 보고 요한은 큰 소리로 울었어요. 그때 요한은 부활하신 어린양을 보았어요. 그분은 바로 하나님의 아들이신 예수님이었어요. 예수님은 십자가에서 죽임을 당하심으로써 우리가 용서와 영원한 생명을 얻게 하셨어요. 존귀하신 예수님은 모든 찬양과 영광과 감사를 받으실 분이에요.

 ## 찬양

그날의 주

그날의 주 오시면
모든 악 사라지리 모든 것 새롭게 해
능력과 부 지혜와 힘과 존귀와 영광 찬양
주님 받으소서

마라나타 주 예수여 오시옵소서
주의 교회 구원하소서

슬픔과 고통 다 사라지고
온 세상 밝히소서
주 예수여 오시옵소서
주 예수여 오시옵소서.

 ## 복음 초청

이 시간 예수님을 마음에 모시고 싶은 친구는 함께 기도해요.

 ## 기도

하나님, 하나님의 말씀을 주시고, 하늘나라의 모습을 보게 해 주셔서 감사합니다. 죄가 사라진 세상에서 자유롭게 하나님을 경배할 날을 손꼽아 기다립니다. 예수님이 이 땅에 다시 오실 날을 기다리는 동안 믿음을 지키며 살아가도록 성령님 함께해 주세요. 예수님의 이름으로 기도합니다. 아멘.

 ## 적용

TIP 설교 도입이나 적용으로 활용하거나 영상을 본 뒤 소그룹으로 나누어 풍성한 대화를 이어 갈 수 있습니다.

혹시 만나고 싶은 유명한 사람이 있나요? 그 사람을 만나면 어떻게 반응하게 될까요? 오늘의 영상을 보며 함께 생각해 보아요.

적용 예화 영상(지도자용 팩)을 보여 준 후, 다음의 질문으로 이야기를 나눈다.

1 예수님이 왜 모든 존귀와 영광을 받으실 분이신가요?

2 우리가 예수님께 영광과 존귀와 찬양을 드릴 방법에는 무엇이 있나요?

3 예수님과 영원히 함께할 일을 생각하며 우리가 간절히 바라야 할 일은 무엇인가요?

예수님은 우리의 완전한 왕이세요. 예수님은 하나님과 함께 이 세상과 우리를 창조하셨어요. 예수님은 우리를 사랑하셔서 우리를 죄에서 구하려고 자신의 목숨을 버리셨어요. 예수님이 없었다면 우리는 하나님의 선하심과 전혀 상관없는 삶을 살았을 거예요. 예수님 덕분에 하나님의 선하심을 누리며 기쁨이 가득한 삶을 살 수 있게 되었어요.

가스펠 소그룹

나침반

본 것을 기록하다

[준비물] 학생용 교재 72쪽, 연필이나 색연필

① 그림을 보고 떠오르는 단어를 빈칸에 넣어 요한계시록 21장 5절을 완성하게 한다.

③ 완성한 성경 구절을 여러 번 읽으며 외우게 한다.

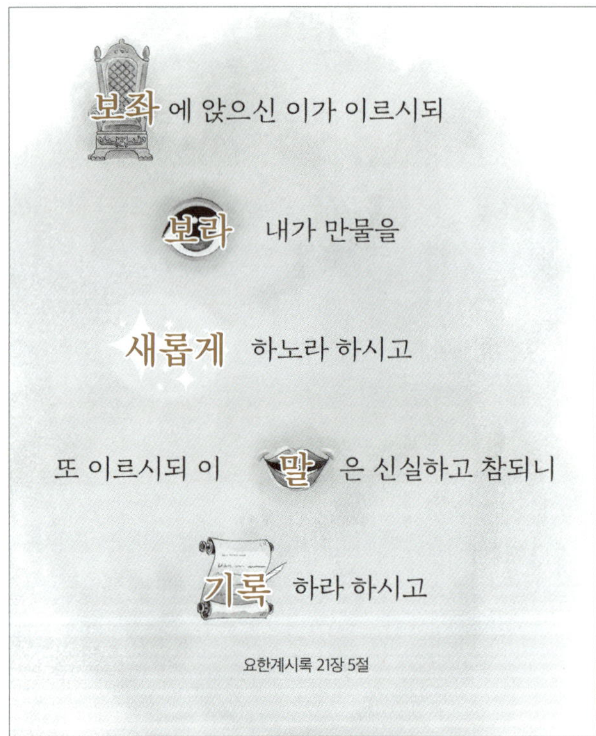

— 예수님은 오직 한 분이신 진정한 왕이세요. 예수님은 우리의 모든 찬양과 존귀를 받으실 분이지요. 비록 죄 때문에 하나님이 창조하신 세계가 망가졌지만, 예수님은 모든 것을 새롭게 하겠다고 약속하셨어요. 이번 주 동안 계속해서 이 암송 구절을 외워 보아요.

보물 지도

과녁 놀이

[준비물] 성경, 하드보드지, 매직, 콩 주머니

① 하드보드지에 과녁을 그린다. 과녁 중앙으로 갈수록 높은 점수를 적는다.

② 아이들을 2팀으로 나누고, 성경에서 요한계시록 4장 2절~5장 14절을 펴게 한다.

③ 각 팀에서 한 명씩 나와 콩 주머니를 과녁에 던지게 한다.

④ 콩 주머니로 맞추는 점수가 정답을 맞힐 때 얻는 점수라고 설명한다.

⑤ 정답을 맞히지 못하면, 상대 팀에 답을 맞힐 기회를 준다.

⑥ 더 많은 점수를 얻은 팀이 이긴다.

1 오늘 성경 이야기는 성경 어디에 나오나요? 요한계시록

2 요한계시록은 구약성경과 신약성경 중 어디에 있나요? 또 분류상 어디에 해당하나요? 신약성경, 예언서

3 요한은 어디에서 환상을 보았나요? 밧모섬

4 요한은 환상에서 무엇을 보았나요?
보좌 위에 앉으신 이 (계 4:2)

5 이십사 장로는 무엇을 하고 있었나요?
하나님을 경배했다 (계 4:10)

6 보좌의 앉으신 이의 오른손에 무엇이 들려 있었나요?
두루마리 (계 5:1)

7 두루마리를 펼 유일한 분은 누구인가요?
유대 지파의 사자 또는 예수님 (계 5:5)

8 예수님은 어떤 모습을 하고 계셨나요?
죽임을 당한 어린양 (계 5:6)

9 예수님은 무엇을 받으실 분인가요?
능력과 부와 지혜와 힘과 존귀와 영광과 찬송 (계 5:12)

10 **예수님이 다시 오실 때 어떤 일이 일어나나요?**
예수님이 모든 악을 없애고 모든 것을 새롭게 하실 거예요

— 정말 잘했어요! 처음 두루마리를 보았을 때 요한은 울었어요. 그것을 펼 사람이 아무도 없었기 때문이에요. 죽임을 당한 어린양 예수님이 두루마리를 펼 때, **하늘과 땅의 모든 사람과 피조물이 예수님을 경배할 거예요.** 예수님은 오직 한 분뿐인 진정한 왕이시며 우리의 경배와 찬양을 받으실 분이에요. 우리는 선한 왕이신 예수님이 우리를 사랑으로 돌보시는 것을 믿을 수 있어요. 예수님은 언젠가 다시 오셔서 죄와 죽음을 완전히 없애실 거예요. 그러면 악은 더이상 예수님을 믿는 사람들에게 영향을 주지 못할 거예요. 그리고 우리는 정말 자유롭게 마음을 다해 하나님을 사랑하게 될 거예요.

 ## 탐험하기

누가? 누구를?

[준비물] 학생용 교재 73쪽, 연필이나 색연필

① 두루마리를 펴실 분은 누구신지, 모든 찬양과 영광과 감사를 받으실 분은 누구신지 생각해 보게 한다.

② 각각의 출발점에서 시작해 미로를 통과하며 찾은 답을 빈칸에 적어 보라고 한다.

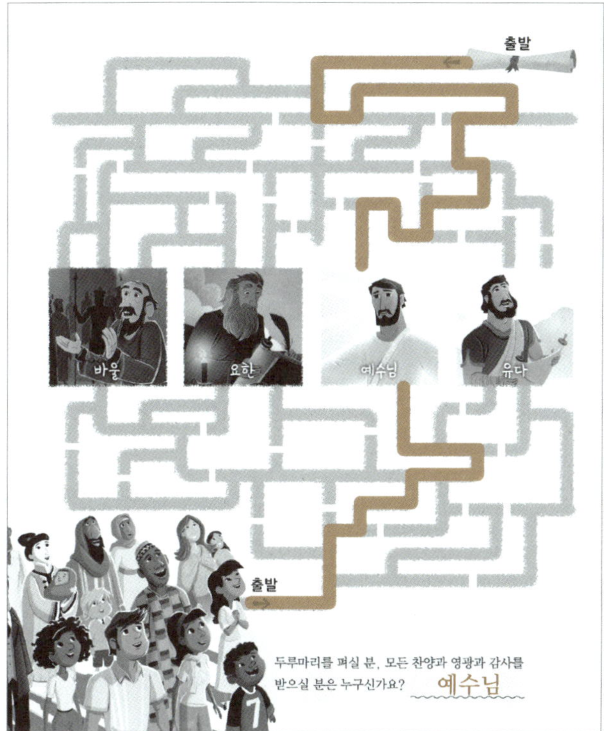

—— 누군가가 어떤 일을 할 만한 사람이라고 말하는 것은 그 사람에게 그만한 능력이 있거나 자격이 있다는 뜻이에요. 오늘 우리는 하나님의 나머지 이야기가 시작되기 전에 두루마리를 펴는 장면을 보았어요. 처음에는 그 두루마리를 펼 수 없을 줄 알았어요. 하지만 그렇지 않았어요. 그 두루마리를 펴실 분은 누구셨나요? 바로 죽임을 당한 어린양이었어요. 예수님이었지요! 두루마리를 펼쳐 나머지 하나님의 계획을 이루실 분은 오직 예수님뿐이에요.

이미 그러나 아직 *

[준비물] 초록색 종이, 노란색 종이

① 아이들에게 초록색 종이와 노란색 종이를 한 장씩 나누어 준다.

② 인도자가 들려주는 문장이 이미 일어난 일이면 초록색 종이를, 아직 일어나지 않은 일이면 노란색 종이를 들라고 한다.

· 예수님이 우리 죄 때문에 십자가에서 죽으셨어요. 초록색

· 예수님이 죽은 자 가운데서 살아나셨어요. 초록색

· 예수님이 모든 것을 새롭게 하려고 다시 오셨어요. 노란색

· 어떤 사람들은 예수님을 왕으로 모시고 경배해요. 초록색

· 하늘과 땅의 모든 사람과 피조물이 예수님을 경배할 거예요. 노란색

· 우리는 죄에서 자유로워요. 둘 다 된다. 예수님이 십자가의 죽음과 부활로 죄와 죽음을 이기셨다. 그러나 우리는 여전히 죄로 인해 깨어진 세상 속에 살고 있다

—— 어떤 면에서 그리스도인들은 '이미 이루어졌으나 아직 완성되지 않은' 희한한 세상에 살고 있어요. 예수님이 십자가의 죽음과 부활로 악을 물리치시고 죽음을 이기셨지만 아직 악을 완전히 없애지는 않으셨다는 뜻이에요. 언젠가 예수님이 다시 오시면 모든 악을 없애시고, 완벽한 새 하늘과 새 땅에서 영원히 함께 살게 하실 거예요.

오직 예수님만 *

[준비물] 어린양 그림, 두루마리, 색인 카드, 펜

① 색인 카드에 '찬양', '영광', '감사'를 각각 적어 접어 놓는다.

② 단어가 적힌 색인 카드와 어린양 그림, 두리마리를 예배실 곳곳에 숨겨 놓는다.

③ 아이들에게 숨겨 있는 색인 카드와 물건들을 찾아 오라고 한다.

④ 아이들이 찾아 온 것들을 가리키며, 이것들을 보면 누가 떠오르냐고 물어본다.

—— 우리가 찾은 색인 카드와 물건들을 보니 누가 떠올랐나요? 아이들의 대답을 기다린다. 맞아요! 예수님이에요. 색인 카드에 적힌 글자들과 물건들을 보면 오늘 배운 성경 이야기가 떠오를 거예요. 요한은 부활하신 어린양을 보았어요. 그분은 바로 하나님의 아들이신 예수님이었어요. 존귀하신 예수님은 모든 찬양과 영광과 감사를 받으실 분이에요. 이 사실을 기억하며 예수님을 찬양하고 다시 오실 예수님을 소망하며 살아요.

모든 찬양과 경배를 *

[준비물] 3단원 찬양(지도자용 팩)

① 아이들에게 3단원 찬양 율동을 가르쳐 준다.

② 여러 번 반복하며 율동을 외우게 한다.

③ 다음 주일 찬양 시간에 이번에 연습한 율동을 하며 하나님을 찬양
하고 경배하는 시간을 갖는다.

＝＝＝＝ 언젠가 하늘과 땅의 모든 사람과 피조물이 예수님을 경배할 거예요. 예수님은 모든 찬양과 존귀와 영광을 받으실 분이에요.

 ## 보물 상자

나만의 기록장

[준비물] 학생용 교재 74쪽, 연필이나 색연필

성경 이야기를 통해 알게 된 것을 글이나 그림으로 표현해 보라고 한다.

· 이 성경 이야기를 통해 하나님이나 복음에 대해 알게 된 사실은 무엇인가요?

· 이 성경 이야기를 통해 나에 대해 알게 된 사실은 무엇인가요?

· 이 성경 이야기에서 하나님께 더 물어보고 싶은 것이 있나요?

메시지 카드

이번 주 메시지 카드로 부모님과 함께 오늘 배운 성경 이야기를 나누어 보라고 한다.

기도

하나님, 말씀을 통해 아름다운 하늘나라를 알려 주셔서 감사합니다. 예수님의 영광과 아름다움 앞에 서는 순간을 마음속에 그려 봅니다. 그때까지 하나님을 믿고 의지하며 기쁨으로 기다릴 수 있도록 우리와 함께해 주세요. 예수님의 이름으로 기도합니다. 아멘.

SNS(소셜네트워킹서비스)로 학부모에게 다가가기

SNS는 때로는 두렵고 위압적인 도구로 활용되어 부정적인 성향과 분노를 퍼뜨리기도 합니다. 그래서 과연 SNS라는 도구를 하나님 나라의 유익을 위해 사용하는 것이 가능한지 의구심을 품게 되기도 합니다. 그러나 SNS를 잘 활용하면 좋은 영향력을 끼칠 수 있습니다.

많은 부모들이 페이스북이나 인스타그램, 카카오와 같은 SNS 플랫폼을 사용하고 있습니다. 그러므로 주일학교 사역자 여러분은 SNS를 통해 그들을 보살피거나 그들이 교회 밖에서 자녀들을 잘 양육하도록 준비시킬 수 있습니다. 큰 부담없이 시작해 볼 수 있는 몇 가지를 추천합니다.

1. 주일학교 공식 SNS 페이지 만들기

주일학교 공식 SNS 페이지(페이스북, 트위터, 인스타그램, 카카오스토리 등)를 만들어 누구나 쉽게 공동체에 관해 알 수 있게 해 보십시오. 아이들의 활동 사진, 함께 즐길 수 있는 행사 관련 공지사항 등 꾸준한 게시물 업로드를 통해 공동체만의 색깔을 보여 줄 수 있습니다. 이는 공동체를 알리고, 폭넓은 지역사회의 가정들을 섬길 기회를 제공할 뿐만 아니라, 성도들의 가정과 소통할 창구를 제공하는 등 여러 중요한 목적 달성에 도움을 줄 수 있습니다.

2. 주일학교 온라인 그룹 만들기

온라인 그룹(카카오톡 오픈 채팅, 네이버 밴드)은 좀 더 사적인 성격이 있기 때문에 지역사회 가정들에게 주일학교를 홍보하는 공간으로는 적절하지 않습니다. 온라인 그룹은 규칙적으로 참여하는 구성원에게 일정 변경이나 다른 중요한 공지사항을 즉각적으로 알리는 유용한 방안이 됩니다. 이곳은 부서에 속한 가정과 소그룹 아이들의 기도 제목을 나누고 만남을 조율하는 공간이 될 수도 있습니다.

SNS 페이지와 온라인 그룹은 둘 다 중요합니다. 페이지는 좀 더 공적이고 그룹은 좀 더 사적이라는 점에서 둘의 목적이 다를 뿐입니다.

3. 부모들을 격려하고, 성경적 양육 자료 공유하기

주일학교 사역을 위해 SNS 페이지를 만들든 온라인 그룹을 만들든, 이를 통해 아이들의 가정을 섬기는 최고의 방법은 부모들을 격려하고, 성경적 양육 자료를 제공하는 것입니다.

사역자의 역할은 교회 사역이 잘 이루어지도록 돕는 것입니다. 시역자는 SNS 창구를 통해 교회와 가정이 아이들을 예수님께로 이끄는 데 도움이 될 블로그 기사나 영상 자료들을 공유할 수 있습니다.

이 글을 읽고 이미 큰 부담을 느낄 수도 있습니다. 아직도 어디서 시작해야 할지 확신이 서지 않거나 SNS가 어떻게 아이들을 도울 수 있다는 것인지 의문이 들 수도 있습니다. 간편하게 가정통신문을 프린트 해서 나눠 준다든지, 문자 메시지를 발송하는 것부터 시작해 보십시오. 부모님들과 신앙 교육에 관한 자료를 공유하는 것은 아이들의 성장에 도움이 될 것입니다.

크리스 마틴(Chris Martin)은 라이프웨이 소셜(LifeWay Social)의 공동 창립자이며, 라이프웨이의 저자 개발 전문가입니다. 그는 리더들이 SNS로 교회를 섬기는 일을 돕고 있습니다.

13

마라나타! 예수님, 어서 오세요!

계 21~22장

사도 요한은 죄수의 신분으로 밧모섬에 유배되어 있는 동안 하늘나라에 관한 놀라운 환상을 보았습니다. 예수님은 요한에게 그가 본 모든 것을 기록하라고 말씀하셨습니다. 요한은 예수님이 이 땅에 다시 오실 때 일어날 일을 보았습니다.

예수님의 재림에 관한 약속은 그리스도인들에게 이 생의 시험을 이겨 내고 끝까지 주님을 버리지 않을 소망과 힘을 줍니다. 그리스도가 다시 오실 때 그분을 믿는 사람들은 영원히 그리스도와 함께하며 즐거워할 것입니다. 하나님은 죄의 결과로 발생한 모든 악한 것들을 되돌리실 것입니다. 더는 죽음도 고통도 눈물도 없는 세상이 될 것입니다.

요한계시록 마지막 21~22장에서 요한은 하늘나라에 관한 환상을 묘사했습니다. 그는 새 성, 곧 새 예루살렘에 관해 썼습니다. 그곳의 길은 유리처럼 맑은 순금이었고, 성벽의 주춧돌은 보석으로 장식되어 있었습니다. 하나님의 영광이 언제나 성을 환하게 비추기 때문에 그곳에는 해나 달이 필요 없습니다. 어둠도 없고, 악한 것은 결코 성에 들어갈 수 없습니다. 슬픔, 눈물, 고통도 없습니다. 해나 달이 없어도 어둡지 않은 것은 하나님의 영광이 빛이 되기 때문입니다. 주님이 그 성을 영원 무궁히 다스리실 것입니다. 하늘나라는 이토록 놀라운 곳입니다!

●●● 티칭 포인트

요한의 묘사에도 불구하고 예수님이 다시 오실 때 이 세상이 어떤 모습일지 우리는 정확하게 상상해 낼 수 없습니다. 이 과에서는 3단원 '성경의 초점'인 "예수님이 다시 오실 때 어떤 일이 일어나나요? 예수님이 모든 악을 없애고 모든 것을 새롭게 하실 거예요"를 가지고 우리가 아는 부분을 강조해 주시기 바랍니다. 그리스도인들은 예수 그리스도의 재림을 생각하며 속히 세상에 복음을 전해야 한다는 긴박감을 느껴야 합니다. 복음은 모든 믿는 자에게 구원을 주시는 하나님의 능력입니다(롬 1:16)! 예수님은 곧 오십니다. 아멘! 주 예수여, 오시옵소서!

주 제

예수님이 다시 오셔서 모든 악을 없애고 모든 것을 새롭게 하실 거예요.

가스펠 링크

예수님은 곧 다시 오겠다고 약속하셨어요. 예수님이 다시 오실 때 그분을 믿는 사람들은 영원히 예수님과 함께하며 즐거워할 거예요.

마라나타! 예수님, 어서 오세요! 계 21~22장

요한은 환상으로 하늘나라를 보았어요. 그는 수많은 사람이 하나님을 찬양하며 크게 기뻐하는 소리를 들었어요. 요한은 자신이 본 것을 기록했어요.

요한은 새 하늘과 새 땅을 보았어요. 전에 있던 하늘과 땅은 사라졌지요. 거룩한 성인 새 예루살렘이 하늘에서 내려오는 것이 보였어요. 요한은 보좌에서 나는 큰 소리를 들었어요. "보아라! 하나님이 하나님의 백성과 함께 사실 것이다. 그들은 하나님의 백성이 되고 하나님은 그들의 하나님이 되실 것이다. 하나님이 그들의 눈에서 모든 눈물을 닦아 주실 것이다. 죽음은 사라질 것이다. 슬픔, 울음, 고통도 다 사라질 것이다."

한 천사가 요한을 크고 높은 산으로 데려갔어요. 천사는 요한에게 거룩한 성을 보여 주었어요. 그 성은 하나님의 영광으로 빛나고 있었어요. 성벽의 *주춧돌은 온갖 종류의 보석으로 장식되어 있고, 성의 길은 유리처럼 맑은 순금으로 되어 있었어요.

그 성에는 성전이 없었어요. 주 하나님과 어린양이 바로 그 성의 성전이기 때문이에요. 성을 비출 해나 달도 필요 없었어요. 하나님의 영광이 성을 밝히고 있었기 때문이에요. 성은 안전하고 깨끗했어요. 깨끗하지 못한 것이나 나쁜 짓을 한 사람은 성에 들어올 수 없었어요. 어린양의 생명책에 이름이 있는 사람만 성에 들어갈 수 있었지요.

천사는 요한에게 생명수가 흐르는 강을 보여 주었어요. 수정처럼 맑은 강은 하나님의 보좌에서 흘러나와 성의 넓은 길 한가운데로 흐르고 있었어요. 강 양쪽에는 생명나무가 있어서 달마다 한 가지씩 모두 열두 종류의 열매를 맺었지요.

그 거룩한 성에는 하나님의 보좌가 있을 거예요. 하나님의 종들은 하나님의 얼굴을 보고, 하나님을 경배할 거예요. 주님이 영원히 다스리실 거예요.

예수님이 말씀하셨어요. "들어라, 내가 곧 가겠다! 나는 알파와 오메가이고, 처음과 마지막이며, 시작과 끝이다."

이 모든 일이 일어날 것이라고 예수님이 말씀하셨어요. 예수님은 곧 오실 거예요.

"아멘! 주 예수여, 오시옵소서!"

*주춧돌 : 기둥 밑에 기초로 받쳐 놓은 돌

●● 가스펠 링크

예수님은 곧 다시 오겠다고 약속하셨어요. 예수님이 다시 오실 때 그분을 믿는 사람들은 영원히 예수님과 함께하며 즐거워할 거예요. 하나님은 죄로 인해 나타난 모든 나쁜 결과를 되돌리실 거예요. 더는 죽음도 고통도 눈물도 없는 세상이 될 거예요. 예수님이 모든 것을 새롭게 하실 거예요.

 환영

도착하는 아이들을 반갑게 맞이하고 헌금, 출석, QT 등을 확인하며 격려한다. 새 친구가 있다면 소개한다. 편안한 분위기에서 안부를 물으며 오늘의 말씀과 관련된 화제로 이야기를 나눈다. 아이들에게 예수님이 다시 오신다면 무슨 말을 하고 싶은지 물어본다. 자발적으로 대화에 참여하도록 이끈다.

예) "예수님이 오시면 기분이 어떨 것 같나요?" "예수님을 만나면 무슨 말을 하고 싶은가요?" 등.

━━ 예수님이 오시면 할 이야기가 정말 많을 것 같아요. 너무 기뻐서 뛰기도 하고, 예수님 품에 안기기도 할 거예요. 오늘 성경 이야기에서는 요한이 예수님이 다시 오실 그날을 환상으로 보았다고 해요. 과연 그날은 어떤 모습일까요?

마음 열기

이야기의 끝 *

① 아이들을 둥그렇게 앉히고, 인도자도 함께 앉는다.

② 인도자가 "옛날 옛적에…"라고 이야기를 시작한다.

③ 옆으로 한 사람씩 돌아가며 새로운 문장을 덧붙여 이야기를 이어 가게 한다.

④ 다시 인도자의 차례가 되면 이야기의 내용과 상관없이 만족스럽지 않은 결말로 끝내거나 단순하게 "끝!"이라고 말한다.

━━ 아무리 좋은 이야기도 끝이 안 좋으면 이상한 이야기가 될 수 있어요. 우리는 그동안 사람들을 구원하기 위한 하나님의 위대한 계획에 대한 이야기를 배웠어요. 마침내 오늘 그 이야기의 마지막 부분을 듣게 될 거예요. 완벽한 결말이자 새로운 시작이지요!

나의 연대표 *

[준비물] A4용지, 사인펜, 연필

① 아이들에게 준비물을 나누어 주고, 자신의 삶을 연대표로 그려 보라고 한다.

② 연대표에 자신의 생일, 동생의 생일, 특별한 여행 등 중요하다고 생각하는 사건들을 기록하면 된다고 말해 준다.

③ 연대표에 앞으로 일어나기를 바라는 일도 몇 가지 쓰게 한다.

예) 중학교 입학, 직업, 가족 여행 등.

④ 완성한 연대표를 한 사람씩 돌아가며 발표하게 한다.

━━ 언젠가 꼭 이루어졌으면 하고 바라는 일을 생각하니 재미있지요? 우리는 우리 삶이 이런저런 모습이었으면 좋겠다는 꿈을 가지고 있어요. 하지만 이런 꿈이 모두 이루어진다는 보장은 없어요. 펼쳐질 미래가 정확하게 어떤 모습일지 알 수 없지요. 그러나 성경은 예수님과 함께하는 영원한 삶이 어떤 모습일지 알려 주어요. 오늘 성경 이야기를 통해 알아보아요.

교사를 위한 기록장 이 과를 준비하면서 깨닫게 된 묵상을 정리해 보세요.

· 하나님이나 나에 대해 새롭게 알게 된 것은?

· 기억해야 할 하나님의 말씀은?

· 아이들에게 전하고 싶은 메시지는?

가스펠 설교

 들어가기

[준비물] 비행복, 쌍안경

비행복을 입고, 목에 쌍안경을 걸고 들어온다.

여러분! 방금 열기구 여행을 마치고 돌아오는 길이랍니다. 지난 번까지는 너무 멋진 광경만 봤는데 오늘은 그렇지 않았어요. 열기구 아래에 있는 거대한 숲에 산불이 나서 숲이 망가져 있었거든요. 나무가 모두 새까맣게 타버렸더라고요. 한때 아름답고 생명으로 가득 찼던 곳이 완전히 파괴되고 망가진 것을 보니 정말 슬펐어요.

하지만 감사하게도, 잿더미 속에서 푸른 새싹이 고개를 내밀고 있는 곳도 보였어요. 숲이 다시 살아나고 있었지요. 언젠가 다시 아름답고 푸른 숲이 될 거예요. 그러고 보니 성경의 마지막 이야기가 생각나네요. 맞아요! 드디어 하나님의 큰 구원에 대한 이야기의 마지막 부분에 도착했어요!

 연대표

정말 놀라운 여행이었어요. 하나님이 세상을 완벽한 모습으로 창조하신 것을 배운 것이 까마득한 옛날 같아요. 하나님이 세상을 창조하신 후 아담과 하와의 불순종을 통해 죄가 세상에 들어왔다는 것을 배웠어요. 죄는 점점 커져 온 세상을 삼켜 버릴 정도가 되었지요. 하나님은 하나님의 백성을 선택하셔서 그들을 구하시고 또 구하셨어요. 그런데도 사람들은 하나님을 사랑하고 하나님께 순종하는 것을 힘들어 했어요. 마침내 때가 되자 하나님은 하나님의 아들 예수님을 이 땅에 보내셨어요. 예수님은 우리 죄 때문에 죽으시고 다시 살아나셔서 죽음을 물리치셨어요. 그런 다음 예수님은 하늘로 올라가셨고 약속대로 성령님을 보내 주셨지요. 성령님은 그리스도인들이 예수님이 맡기신 임무를 잘 수행하며 살도록 도와주셨어요.

사도들은 예수님을 전하며 교회를 세우고, 하나님의 백성이 예수님의 재림을 기다리며 바르게 살아가도록 이끌어 주었어요. 오늘날 우리도 교회의 구성원이 되어 하나님을 위해 살아요! 오래전 그리스도인들이 그랬던 것처럼 우리도 예수님이 다시 오시길 기다려요.

연대표에서 지난 성경 이야기들을 가리킨다. 지난 몇 주 동안 요한계시록을 공부했어요. 예수님의 제자였던 요한은 자신이 본 마지막 때에 관한 놀라운 환상을 기록했어요. 요한계시록을 통해 요한이 환상으로 예수님을 본 이야기, 하나님이 일곱 교회에 경고하신 이야기 그리고 예수님이 경배를 받으시는 이야기를 들었어요. 오늘은 하나님이 하나님의 이야기를 위해 준비하신 놀라운 결말을 들을 거예요. 그리고 그것이 왜 새로운 시작이 되는지 배울 거예요.

 성경의 초점

'성경의 초점'을 외울 수 있는 친구 있나요? *자원하는 아이의 대답을 기다린다.* 잘했어요! **예수님이 다시 오실 때 어떤 일이 일어나나요? 예수님이 모든 악을 없애고 모든 것을 새롭게 하실 거예요.** 지금 이 세상에는 어려움과 고통과 슬픔이 많지만, 예수님이 오시면 그런 일들은 모두 사라질 거예요. 우리는 예수님이 반드시 다시 오실 것을 알아요. 예수님은 언제나 약속을 지키시는 분이니까요. 예수님은 다시 오겠다고 약속하셨어요. 예수님은 믿을 수 있는 분이에요.

 ## 성경 이야기

요한계시록 21~22장을 펴고, 설교 영상(지도자용 팩)을 보여 주거나 이야기 성경을 들려준다. 화이트보드에 사람, 눈물방울, 산, 강, 나무 등을 그리며 성경 이야기를 전한다. 또는 '아멘, 주 예수여, 오시옵소서'가 나올 때 아이들에게 함께 외치자고 한다.

요한은 환상으로 새 하늘과 새 땅을 보았어요. 옛것은 모두 사라지고 새것이 하늘에서 내려왔어요! 요한은 새 예루살렘을 보았어요. 그곳은 아름답고 빛나는 성으로, 하나님과 하나님의 백성이 영원히 함께 사는 곳이에요. 요한이 보니 그곳에는 해와 달이 필요 없었어요. 하나님의 영광이 모든 사람의 길을 환하게 밝혀 주기 때문이에요! 또 그곳에는 성전도 없었어요. 하나님과 예수님이 성전이시고 하나님의 자녀는 언제 어디서나 하나님을 경배할 수 있기 때문이에요. 요한이 보니 그곳에서는 사람들이 예수님과 직접 만났어요. 죽음도 슬픔도 없었어요. 그곳에서는 모든 나쁜 것이 사라지고 모든 사람과 피조물이 예수님을 영원히 경배할 거예요! 요한은 곧 다시 오겠다는 예수님의 말씀을 들었어요. 여러분은 요한의 환상 중 어느 부분이 가장 흥미진진한가요? 아이들의 대답을 기다린다. 사실이라고 하기에는 너무 좋아 보이지만 예수님의 약속은 확실해요. 예수님이 무언가를 하시겠다고 말씀하시면 그 일은 이미 이루어진 것이나 마찬가지예요. **예수님이 다시 오셔서 모든 악을 없애고 모든 것을 새롭게 하실 거예요.** 예수님의 재림은 이 세상의 마지막이지만 그리스도인들에게는 하나님과 함께하게 될 놀랍고도 영원한 삶의 시작이에요. 하나님의 구원 이야기의 완벽한 결말이 다음 이야기의 완벽한 시작이 되는 거예요.

 ## 가스펠 링크

예수님은 곧 다시 오겠다고 약속하셨어요. 예수님이 다시 오실 때 그분을 믿는 사람들은 영원히 예수님과 함께하며 즐거워할 거예요. 하나님은 죄로 인해 나타난 모든 나쁜 결과를 되돌리실 거예요. 더는 죽음도 고통도 눈물도 없는 세상이 될 거예요. 예수님이 모든 것을 새롭게 하실 거예요.

 ## 복음 초청

성경과 53쪽 복음 초청 가이드를 이용해서 아이들에게 그리스도인이 되는 법을 설명해 준다. 따로 상담해 줄 사람을 정해 주고 궁금한 점이 있으면 물어보도록 격려한다.

이 시간 예수님을 마음에 모시고 싶은 친구는 함께 기도해요.

 ## 기도

하나님, 다시 오실 예수님을 소망하는 마음을 주신 하나님을 찬양합니다. 예수님을 보내 우리를 죄에서 구원하시고, 영원히 하나님과 함께할 수 있는 길을 열어 주셔서 감사합니다. 죄로 망가진 세상에서 믿음을 지키며 예수님을 바라보는 삶을 살아가도록 인도해 주세요. 예수님의 이름으로 기도합니다. 아멘.

 ## 적용

TIP 설교 도입이나 적용으로 활용하거나 영상을 본 뒤 소그룹으로 나누어 풍성한 대화를 이어 갈 수 있습니다.

세상에서 볼 수 있는 죄의 결과는 어떤 것들이 있나요? 고장이 나거나 부서지는 것은 어떤 것들이 있나요? 오늘의 영상을 함께 보아요.

적용 예화 영상(지도자용 팩)을 보여 준 후, 다음의 질문으로 이야기를 나눈다.

1 영상 속 물건이 어떻게 변했나요?

2 물건은 더 좋아졌나요? 더 나빠졌나요?

3 이 세상에 닳지 않고, 고장 나지 않고, 부서지지 않는 것이 있나요?

4 예수님이 모든 것을 새롭게 하실 것이라는 사실을 아는 것이 왜 중요한가요?

예수님은 약속하신 대로 다시 오실 거예요. 그리고 모든 나쁘고 악한 것을 끝내실 거예요. 이것은 하나님의 위대한 구원 이야기의 결말이면서, 또 시작이기도 해요. 우리는 모두 하나님과 함께 살 거예요. 새 하늘과 새 땅에서 영원히 하나님과 함께할 거예요. 앞으로 계속 하나님께 영광을 돌리며 하나님의 사랑을 누릴 거예요.

가스펠 소그룹

 나침반

외워라 달려라

[준비물] 3단원 암송(131쪽), 화이트보드, 보드마커

① 아이들과 함께 요한계시록 21장 5절을 큰 소리로 외운다.

② 자원하는 아이에게 암송 구절을 외워 보게 한다.

③ 아이들을 2팀으로 나누고, 예배실 한쪽에 팀별로 줄을 세운다.

④ 팀별로 한 명씩 화이트보드로 달려가 암송 구절을 한 어절씩 쓰고 돌아오라고 한다.

⑤ 암송 구절을 먼저 완성하는 팀이 이긴다.

―― 지난 몇 주 동안 암송 구절을 외우느라 수고했어요. 예수님이 다시 오셔서 악을 물리치고 모든 것을 새롭게 하실 것이라는 사실을 늘 기억하세요. 예수님은 우리의 소망이에요. 언젠가 모든 악이 사라지고 하나님이 완전하게 회복하신 세상만 남을 거예요.

 보물 지도

나만의 가스펠 프로젝트

[준비물] 학생용 교재 78쪽, 97쪽의 '가스펠 프로젝트' 스티커, 연필이나 색연필

① 구약1부터 신약6까지 '가스펠 프로젝트'(하나님의 구원 계획) 중 가장 기억에 남는 성경 이야기는 무엇인지 이야기를 나눈다.

② 빈칸을 채우고, 97쪽의 '가스펠 프로젝트' 스티커를 붙여 연대표를 꾸미게 한다.

―― 지난 3년 동안 성경 이야기를 통해 참 많은 것을 배웠어요! 성경 전체를 훑어보았지요! 우리가 배운 성경 이야기들은 모두 하나의 큰 이야기로 연결되어 있어요. 바로 예수님을 보내 사람들을 구원하려는 하나님의 계획을 통해 밝게 빛나는 하나님의 영광에 관한 이야기예요.

우리는 하나님이 모든 것을 창조하셨다는 것을 배웠어요. 아담과 하와가 하나님께 불순종해 죄가 세상에 들어왔어요. 하지만 하나님은 여전히 우리를 불쌍히 여기셨어요. 하나님은 하나님의 아들 예수님을 이 땅에 보내 죄 사함을 위한 완벽한 제물이 되게 하셨어요. 그래서 예수님을 믿는 사람은 누구나 죄를 용서받고 영원히 하나님과 함께 살게 되었지요. 성경은 잃어버린 죄인들을 구하려고 자기 아들을 보내신 하나님의 이야기예요.

오늘은 성경의 마지막 책에 나오는 이야기를 들었어요. 이 성경 이야기는 언젠가 하나님의 백성을 위해 다시 오겠다는 예수님의 약속으로 끝나요. 우리를 사랑하시는 예수님은 결코 우리를 떠나지 않으세요. 우리는 선하시고 사랑이 많으신 예수님을 믿고 의지하면 되어요.

 탐험하기

무슨 말일까?

[준비물] 학생용 교재 79쪽, 연필이나 색연필

① 다시 오실 예수님을 생각하면 어떤 기분이 드는지 이야기를 나눈다.

② 색깔 힌트를 보고 알맞은 초성을 넣어 보라고 한다.

③ '마라나타'는 그리스어이며, '주 예수여, 오시옵소서'라는 뜻이라고 설명해 준다.

―― 예수님이 다시 오셔서 모든 악을 없애고 모든 것을 새롭게 하실 거예요. 예수님의 재림은 이 세상의 마지막이지만, 그리스도인에게는 하나님과 함께하게 될 놀랍고도 영원한 삶의 시작이에요. 하나님의 구원 이야기의 완벽한 결말이 다음 이야기의 완벽한 시작이 되는 거예요.

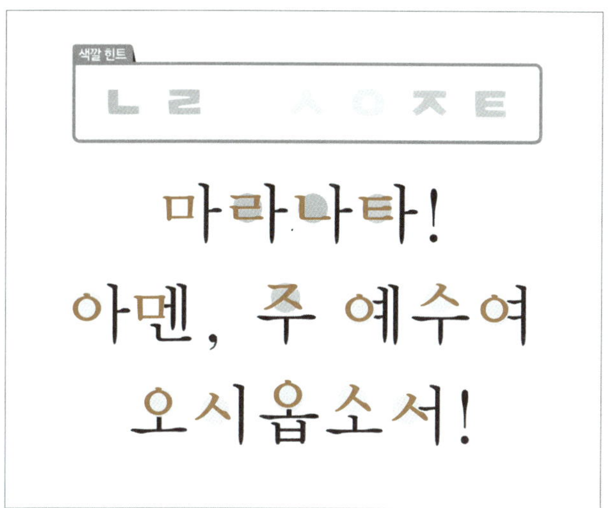

예수님이 다시 오실 그날

[준비물] 학생용 교재 79쪽, 93쪽, 95쪽, 색연필, 가위, 풀

① 93쪽에 자신과 가족, 친구 등 예수님이 다시 오실 그날에 함께할
사람들의 얼굴을 그리고 색칠해 보라고 한다.

② 93, 95쪽 인형을 오려 '예수님이 다시 오실 그날'의 장면을 만들
어 보라고 한다.

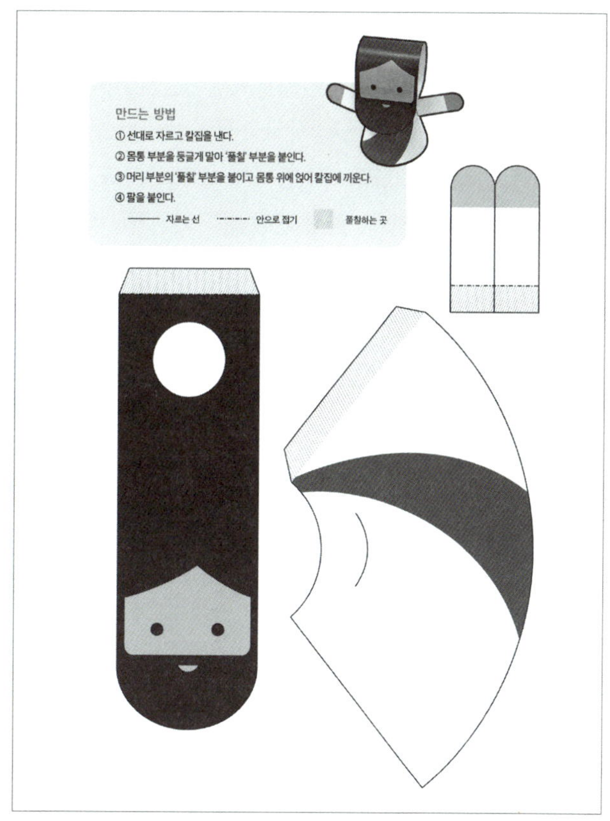

③ 완성된 모형을 집으로 가져가 잘 보이는 곳에 두고, 다시 오실 예
수님을 기억하며 소망하라고 말해 준다.

—— **예수님이 다시 오실 때 어떤 일이 일어나나요? 예수
님이 모든 악을 없애고 모든 것을 새롭게 하실 거예요.** 예수
님은 곧 다시 오겠다고 약속하셨어요. 예수님이 다시 오실
때 그분을 믿는 사람들은 영원히 예수님과 함께하며 즐거워
할 거예요. 하나님은 죄로 인해 나타난 모든 나쁜 결과를 되
돌리실 거예요. 더는 죽음도 고통도 눈물도 없는 세상이 될
거예요. 예수님이 모든 것을 새롭게 하실 거예요.

두루마리 휴지 되감기 ⭑

[준비물] 두루마리 휴지

① 아이들을 3~4팀으로 나누고, 각 팀에 두루마리 휴지를 하나씩 나
누어 준다.

② 팀별로 휴지를 최대한 빨리 풀어 보라고 한다.

③ 이번에는 휴지를 최대한 빨리 다시 감아 보라고 한다.

—— 휴지를 풀기 전과 똑같은 모양으로 되감을 수 있었나
요? 그럴 수 없었어요! 우리는 고장 난 물건을 고쳐서 원래
모습으로 되돌리려고 노력할 수 있지만, 아무리 해도 완벽

하게 되돌릴 수는 없어요. 죄로 물든 이 세상도 죄가 들어오기 전과 같은 완벽한 모습으로 되돌릴 수 없지요. 오직 예수님만 그렇게 하실 수 있어요. 감사하게도 예수님은 그렇게 하겠다고 약속하셨어요! **예수님이 다시 오셔서 모든 악을 없애고 모든 것을 새롭게 하실 거예요.**

환상 그리기 ＊

[준비물] 13과 이야기 성경(120쪽), 도화지, 색연필이나 크레파스

① 아이들에게 눈을 감게 하고, '13과 이야기 성경'을 읽어 준다.

② 요한 바로 옆에서 함께 환상을 본다고 상상하며 마음속으로 구체적인 모습을 떠올려 보라고 한다.

③ 상상한 것을 그림으로 그리게 한다.

── 오늘 성경 이야기는 이해하기 힘든 놀라운 장면으로 가득해요. 이 성경 이야기에서 가장 아름다운 진리는 우리가 영원히 예수님과 함께하게 된다는 거예요. 우리는 예수님을 직접 만날 것이고, 예수님은 우리의 모든 슬픔과 고통을 없애 주실 거예요. 다함께 '성경의 초점'을 외워 볼까요? **예수님이 다시 오실 때 어떤 일이 일어나나요? 예수님이 모든 악을 없애고 모든 것을 새롭게 하실 거예요.** 좋아요! 언제나 다시 오실 예수님을 소망하며 믿음을 지키길 바라요.

 # 보물 상자

나만의 기록장

[준비물] 학생용 교재 80쪽, 연필이나 색연필

성경 이야기를 통해 알게 된 것을 글이나 그림으로 표현해 보라고 한다.

· 이 성경 이야기를 통해 하나님이나 복음에 대해 알게 된 사실은 무엇인가요?

· 이 성경 이야기를 통해 나에 대해 알게 된 사실은 무엇인가요?

· 이 성경 이야기에서 하나님께 더 물어보고 싶은 것이 있나요?

메시지 카드

이번 주 메시지 카드로 부모님과 함께 오늘 배운 성경 이야기를 나누어 보라고 한다.

기도

하나님, 하나님의 약속을 기억하며 다시 오실 예수님을 기다립니다. 예수님이 다시 오셔서 이루실 새로운 일들을 소망합니다. 예수님 다시 오시는 그날까지 믿음으로 굳건히 서는 하나님의 자녀가 될 수 있도록 도와주세요. 예수님의 이름으로 기도합니다. 아멘.

주일학교 사역에서 지속적인 관계를 형성하는 법

주일학교 사역을 하면서 가장 힘든 도전인 동시에 그만큼 가치 있는 일은 여러분이 보살피는 아이들과 관계를 형성하는 것입니다.

저는 25년이 넘는 시간 동안 여러모로 어린이 사역에 몸담아 왔습니다. 유아였던 아이가 자라서 이제 자신의 아이를 돌보는 모습도 많이 보았지요.

여러분에게 어느 정도 오랜 시간 동안 주일학교 사역을 할 기회가 있다면, 아이들과의 관계를 좀 더 깊은 수준으로 누리는 유익을 덤으로 얻게 될 것입니다.

관계란 "둘 이상의 물건이나, 생각, 사람 사이의 연결"이라고 정의할 수 있습니다. 관계의 핵심은 연결입니다. 앞서 말한 그런 관계를 형성하기 위한 비결은 여러분이 보살피는 아이들과 가치 있는 연결을 형성하는 데 있습니다. 이런 관계가 중요한 것은 그래야 여러분이 아이들을 알아 가고 그들의 신뢰를 얻을 수 있기 때문입니다. 일단 아이들이 여러분을 신뢰하고 나면 그들은 여러분의 가르침과 사역 목표에 더 귀를 기울이고 순종하게 될 것입니다.

여기, 지속적인 관계 형성을 위한 13가지를 제안합니다.

1. 존중하라

어떤 형태이든 성공적인 관계를 맺고 싶다면 상대를 존중해야 합니다. 아이들에게 존중을 표시하는 것은 믿고 안심할 수 있는 관계를 형성하는 소중한 도구입니다. 모든 아이는 교회에 있는 동안 그렇게 느껴야 합니다. 여러분이 보여 주는 것과 똑같은 존중을 아이들도 여러분에게 보여 주기 시작하면서 존중은 양방향으로 자라게 될 것입니다.

2. 경험하라

여러분은 주일학교에 몸담은 사람으로서 아이들이 교회에서 여러 경험을 하게 만들 것입니다. 그런 경험과 그 경험에 대한 여러분의 참여가 아이들과의 연결고리를 만드는 훌륭한 도구가 될 것입니다.

3. 배우라

여러분이 보살피는 아이들에 관해 적극적으로 배우십시오. 아이들이 무엇을 좋아하며 싫어하는지 알아내십시오. 아이들이 읽는 책이나 즐겨 보는 TV 프로그램이 무엇인지, 어떤 컴퓨터 게임을 하는지 알아야 합니다. 배우십시오.

4. 적극적으로 참여하라

주일학교 사역은 활동적입니다. 여러분은 언제든지 아이들이 열심을 보이는 게임이나 모험 활동에 적극적으로 참여해야 합니다.

5. 진실하라

진실의 중요성이야 두말할 필요 없지만, 아이들에게는 더더욱 언제나 진실해야 합니다. 우리가 진실하지 않을 때 아이들은 그것을 알아채고, 현재 진행되고 있는 관계 형성을 의심하며 방해할 수 있습니다.

6. 상상력을 발휘하라

아이들의 상상력은 놀랍습니다. 여러분은 그런 아이들을 이끄는 사람입니다. 아이들이 떠올리는 생각에 동조해 주십시오. 아무리 터무니없어 보이더라도 새로운 일을 시도해 보십시오. 상상력을 발휘하며 함께 어울리는 일은 아이들과의 관계 형성에 큰 도움이 될 것입니다.

7. 관찰하라

아이들의 행동과 태도를 주의 깊게 살피십시오. 달라진 것이 있습니까? 그것이 무엇인지 콕 찍어 말할 수 있습니까? 그것을 가지고 아이들과 이야기를 나누어 보십시오. 아이들은 여러분이 시간을 내어 자신에게 관심을 기울이는 데 감사할 것입니다.

8. 친절하게 대하라

너무 뻔한 조언이지만, 아이들을 언제나 친절하게 대하십시오. 우리는 무심코 다른 사람의 기분을 상하게 하는 농담을 할 때가 있습니다. 이것은 앞서 말한 존중과도 깊은 관련이 있습니다. 항상 친절하고 존중하는 태도로 아이들과 이야기하고 어울려야 합니다.

9. 끈끈해지라

끈끈한 관계란 긴밀하게 결속된 유대 관계를 말합니다. 여러분이 친구와 끈끈한 관계를 맺고 있다면 곤경에 처한 친구를 도와줄 것입니다. 끈끈한 친구들은 관계가 매우 좋습니다.

10. 도움을 주라

낑낑거리며 물건을 옮기는 사람을 보거든 곧장 뛰어가 도와주십시오. 울적한 사람을 보거든 바로 그 자리에서 말을 건네십시오. 누군가를 도움으로써 여러분은 그 사람이 여러분에게 중요한 존재라고 넌지시 표현하는 셈입니다. 그것은 반드시 긴밀한 관계 형성에 도움이 됩니다.

11. 독립된 인격체로 대하라

모든 사람은 독립된 인격체이며 자신만의 특별한 필요와 욕구가 있다는 사실을 여러분은 잘 알고 있습니다. 관계를 맺는 아이들 한 사람 한 사람을 독립된 인격으로 대하고, 여러분이 아는 다른 친구나 형제자매, 어른과 비교하지 마십시오.

12. 예의를 지키라

예의는 (친절과 마찬가지로) 존중의 또 다른 표현입니다! 예의 바른 태도는 상대방에 대한 존중의 표현이며, 관계를 형성하는 또 하나의 강력한 방법입니다.

13. 지지하라

지지대는 어떤 구조물이 넘어지지 않도록 보장해 주는 역할을 합니다. 여러분도 이런 지지대 같은 친구가 되어야 합니다. 한 아이가 당당하게 서서 넘어지지 않기 위해 힘을 유지할 수 있도록 도와주십시오. 한 아이의 꿈과 포부를 응원해 주어야 합니다. 아이들을 굳건히 세우는 사람으로 인식되어야 합니다.

아이들과 이런 관계를 맺기 위해 노력하다 보면, 아이들이 새롭고 신나는 방법으로 그들의 삶을 여러분과 나누기 시작하는 모습을 목격하게 될 것입니다. 여러분은 아이들에게 그리스도의 본입니다. 그들과 깊이 있는 관계를 맺는 일은 그들을 잘 섬기는 데 큰 도움이 될 것입니다.

팀 폴라드(Tim Pollard)는 익스플로어더바이블(Explore the Bible) 어린이 팀의 리더로 섬기면서 아이들이 성경을 깊이 배울 수 있도록 돕는 일을 하고 있습니다.
튤립그로브침례교회(Tulip Grove Baptist Church)에서 3~6학년 아이들을 가르치고 있습니다.

나의 간절한 기대와 소망을 따라

아무 일에든지 부끄러워하지 아니하고

지금도 전과 같이 온전히 담대하여

살든지 죽든지 내 몸에서 그리스도가

존귀하게 되게 하려 하나니 이는 내게 사는 것이

그리스도니 죽는 것도 유익함이라

빌립보서 1장 20~21절

모든 성경은 하나님의 감동으로 된 것으로

교훈과 책망과 바르게 함과 의로 교육하기에

유익하니 이는 하나님의 사람으로 온전하게 하며

모든 선한 일을 행할 능력을 갖추게 하려 함이라

디모데후서 3장 16~17절

보좌에 앉으신 이가 이르시되

보라 내가 만물을 새롭게 하노라 하시고

또 이르시되 이 말은 신실하고 참되니

기록하라 하시고

요한계시록 21장 5절

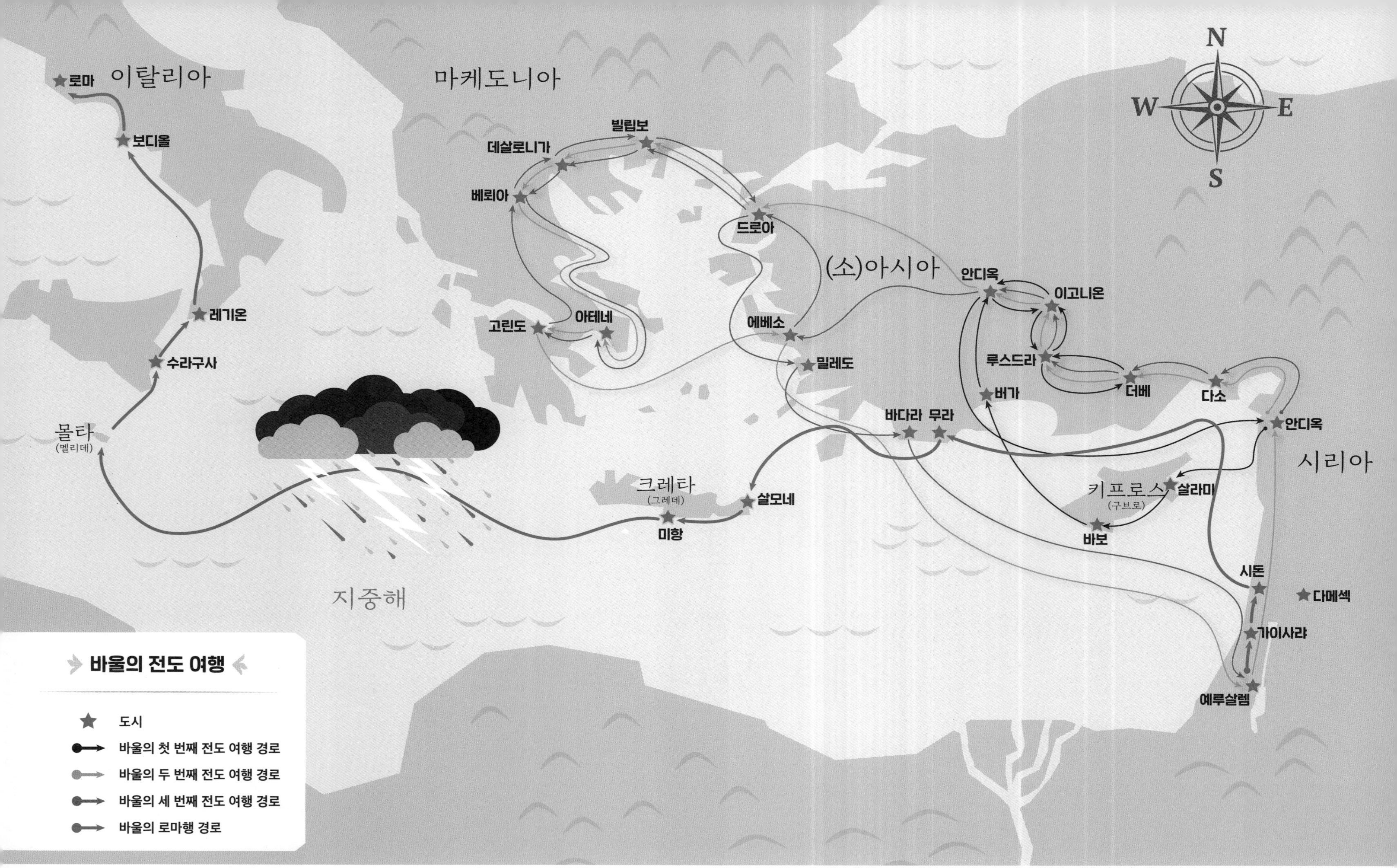
로마
이탈리아
보디올
레기온
수라구사
몰타
(멜리데)
마케도니아
빌립보
데살로니가
베뢰아
고린도
아테네
드로아
에베소
밀레도
(소)아시아
안디옥
이고니온
루스드라
더베
다소
버가
바다라
무라
안디옥
시리아
키프로스
(구브로)
살라미
바보
크레타
(그레데)
살모네
미항
지중해
시돈
다메섹
가이사랴
예루살렘
N
W
E
S
바울의 전도 여행
도시
바울의 첫 번째 전도 여행 경로
바울의 두 번째 전도 여행 경로
바울의 세 번째 전도 여행 경로
바울의 로마행 경로

| 바울의 전도 여행 지도 |

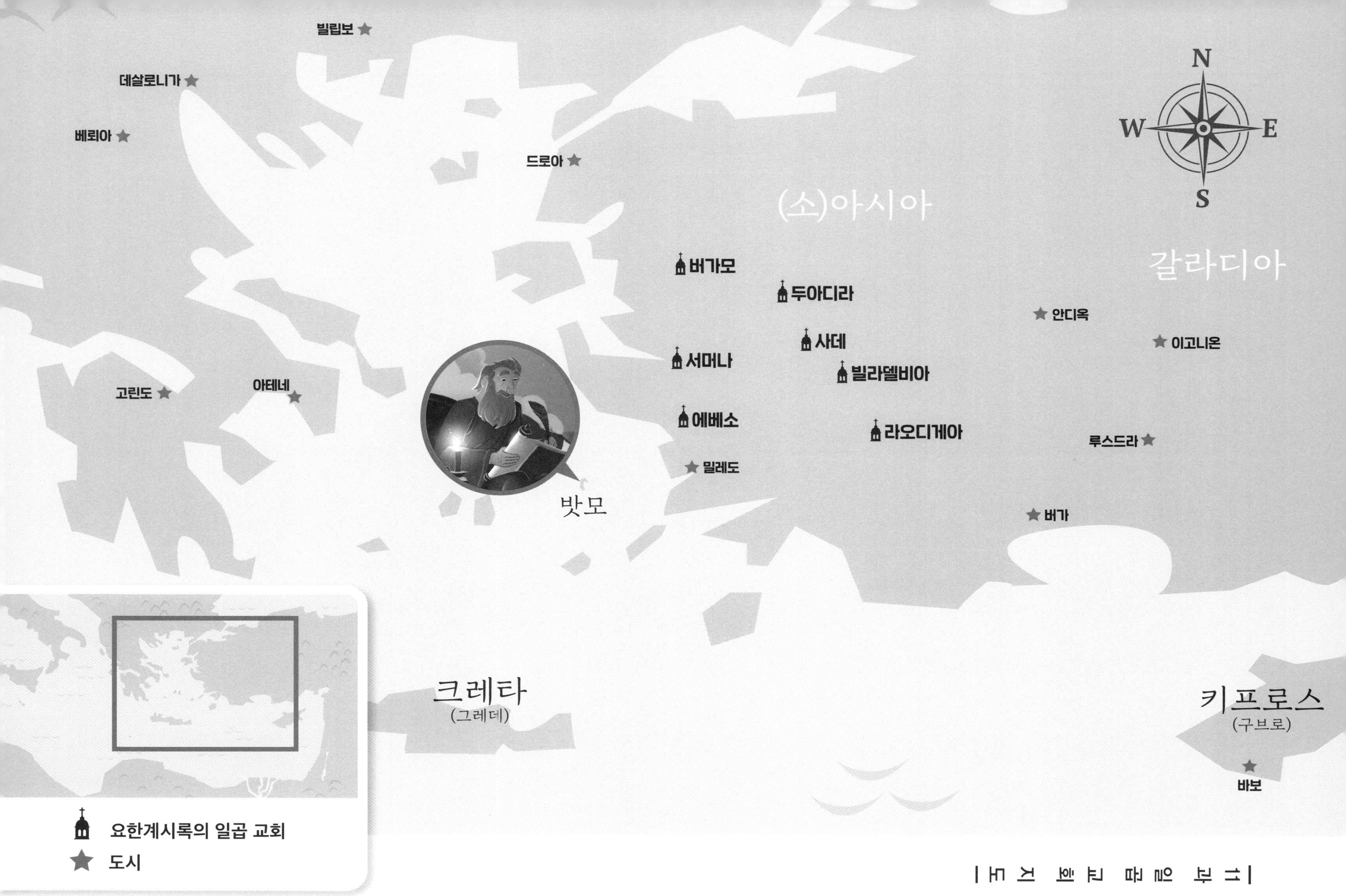

빌립보 ★

데살로니가 ★

베뢰아 ★

드로아 ★

(소)아시아

N
W · E
S

갈라디아

🏛 버가모

🏛 두아디라

★ 안디옥

🏛 사데

★ 이고니온

🏛 서머나

🏛 빌라델비아

고린도 ★

아테네 ★

🏛 에베소

🏛 라오디게아

루스드라 ★

★ 밀레도

밧모

★ 버가

크레타
(그레데)

키프로스
(구브로)

★ 바보

🏛 요한계시록의 일곱 교회

★ 도시

예수님	메시아	하나님의 어린양	왕 중의 왕
평화의 왕	새 아담	고난받는 종	구원자
유다의 사자	생명의 떡	하나님의 아들	임마누엘
하나님의 말씀	세상의 빛	부활의 주	교회의 머리

하나님의 아들	메시아	하나님의 어린양	평화의 왕
왕 중의 왕	하나님의 말씀	고난받는 종	생명의 떡
유다의 사자	구원자	예수님	임마누엘
새 아담	세상의 빛	부활의 주	교회의 머리

교회의 머리	세상의 빛	유다의 사자	평화의 왕
왕 중의 왕	하나님의 말씀	고난받는 종	부활의 주
하나님의 어린양	구원자	예수님	임마누엘
새 아담	메시아	생명의 떡	하나님의 아들

유다의 사자	평화의 왕	교회의 머리	세상의 빛
고난받는 종	부활의 주	왕 중의 왕	하나님의 말씀
예수님	임마누엘	하나님의 어린양	구원자
생명의 떡	하나님의 아들	새 아담	메시아

세상의 빛	평화의 왕	유다의 사자	교회의 머리
하나님의 말씀	부활의 주	고난받는 종	왕 중의 왕
구원자	임마누엘	하나님의 어린양	예수님
메시아	하나님의 아들	새 아담	생명의 떡

구원자	임마누엘	하나님의 어린양	예수님
하나님의 말씀	부활의 주	고난받는 종	왕 중의 왕
세상의 빛	평화의 왕	유다의 사자	교회의 머리
메시아	하나님의 아들	새 아담	생명의 떡

1권 **위대한 시작** 창	2권 **하나님의 구출 계획** 출, 레, 신	3권 **약속의 땅** 민, 수, 삿, 룻, 삼상	4권 **왕국의 성립** 삼상, 삼하, 왕상, 욥, 잠, 전, 시	5권 **선지자와 왕** 왕상, 왕하, 사, 호, 욘 욜, 렘, 대하, 겔	6권 **돌아온 하나님의 백성** 단, 스, 에, 느, 말
1단원 창조의 하나님	**1단원 구출하시는 하나님**	**1단원 구원의 하나님**	**1단원 왕이신 하나님**	**1단원 계시하시는 하나님**	**1단원 보호하시는 하나님**
1. 하나님이 세상을 창조하셨어요 2. 하나님이 사람을 창조하셨어요 3. 죄가 세상에 들어왔어요 4. 가인과 아벨이 제물을 드렸어요 5. 하나님이 노아와 가족을 구해 주셨어요 6. 바벨탑을 쌓던 사람들이 흩어졌어요	1. 모세를 부르셨어요 2. 이스라엘 백성은 재앙을 피했어요 3. 홍해를 건넜어요 4. 광야에서 시험을 치렀어요 5. 금송아지를 만들었어요	1. 약속의 땅을 정탐했어요 2. 놋뱀을 바라보았어요 3. 하나님이 여리고 성을 주셨어요 4. 죄 때문에 아이 성 전투에서 졌어요 5. 여호수아가 당부했어요	1. 이스라엘이 왕을 달라고 했어요 2. 하나님이 사울을 버리셨어요 3. 다윗이 골리앗과 맞섰어요 4. 다윗과 요나단이 친구가 되었어요 5. 하나님이 다윗과 언약을 맺으셨어요 6. 다윗이 하나님께 죄를 지었어요	1. 엘리야가 악한 아합을 꾸짖었어요 2. 엘리야가 이세벨을 피해 도망쳤어요 3. 하나님이 나아만을 고쳐 주셨어요 4. 하나님이 이사야를 부르셨어요 5. 이사야가 메시아에 대해 외쳤어요 6. 히스기야는 남 유다의 신실한 왕이었어요	1. 다니엘과 친구들이 하나님께 순종했어요 2. 사드락, 메삭, 아벳느고를 구하셨어요 3. 다니엘을 구하셨어요 4. 하나님의 백성을 고향으로 데려오셨어요 5. 성전을 다시 지었어요
2단원 언약을 맺으시는 하나님	**2단원 거룩하신 하나님**	**2단원 다스리시는 하나님**	**2단원 지혜의 하나님**	**2단원 포기하지않으시는 하나님**	**2단원 공급하시는 하나님**
7. 하나님이 아브라함과 언약을 맺으셨어요 8. 하나님이 아브라함을 시험하셨어요 9. 하나님이 다시 약속하셨어요	6. 십계명 "하나님을 사랑하라" 7. 십계명 "이웃을 사랑하라" 8. 성막을 지었어요 9. 하나님이 제사의 규칙을 정해 주셨어요 10. 오직 하나님만 예배해요 11. 하나님의 언약을 기억해요	6. 사사들이 이스라엘 백성을 이끌었어요 7. 드보라와 바락이 노래했어요 8. 겁쟁이 기드온이 용사가 되었어요 9. 삼손에게 다시 힘을 주셨어요 10. 룻과 나오미를 보살펴 주셨어요 11. 하나님이 사무엘에게 말씀하셨어요	7. 솔로몬이 지혜를 구했어요 8. 지혜는 하나님께로부터 와요 9. 솔로몬이 성전을 지었어요 10. 이스라엘이 둘로 나뉘었어요	7. 하나님이 호세아를 통해 북 이스라엘에 사랑을 전하셨어요 8. 하나님이 요나를 통해 니느웨에 사랑을 전하셨어요 9. 하나님이 요엘을 통해 남 유다에 사랑을 전하셨어요	6. 에스더를 왕비로 세우셨어요 7. 에스더를 통해 하나님의 백성을 구하셨어요 8. 느헤미야가 예루살렘의 소식을 들었어요 9. 예루살렘 성벽을 다시 세웠어요 10. 에스라가 하나님의 율법을 읽었어요 11. 말라기가 하나님의 말씀을 전했어요
3단원 언약을 지키시는 하나님			**3단원 주권자이신 하나님**	**3단원 새롭게 하시는 하나님**	**※ 절기 교재**
10. 야곱이 복을 가로챘어요 11. 하나님이 야곱에게 새 이름을 주셨어요 12. 요셉이 이집트로 팔려 갔어요 13. 요셉의 꿈이 이루어졌어요			11. 솔로몬이 산다는 것에 대해 생각했어요 12. 욥이 고난을 받았어요 13. 하나님을 찬양해요	10. 하나님이 예레미야를 부르셨어요 11. 예레미야가 새 언약에 대해 예언했어요 12. 남 유다 백성이 포로로 잡혀갔어요 13. 에스겔이 앞날의 소망을 이야기했어요	**부활절** 1. 왕이신 예수님이 나귀를 타셨어요 2. 예수님이 부활하셨어요 **성탄절** 1. 왕을 기다려요 2. 천사가 마리아와 요셉에게 나타났어요 3. 예수님이 태어나셨어요 4. 동방박사들이 왕을 찾아갔어요

※세부 내용은 사정에 따라 변경될 수 있습니다.

1권	2권	3권	4권	5권	6권
위대한 복음	**비유와 기적**	**십자가와 부활**	**복음으로 세워진 교회**	**하나님의 편지**	**다시 오실 그리스도**
복음서	복음서	복음서, 행, 사	행	서신서	행, 서신서, 계
1단원 성자 하나님	**1단원** 비유로 말씀하신 예수님	**1단원** 순종하신 예수님	**1단원** 능력을 주시는 성령님	**1단원** 인도하시는 하나님	**1단원** 하나님의 계획
1. 아브라함부터 예수님까지 2. 마리아가 하나님을 찬양했어요 3. 예수님이 태어나셨어요 4. 예수님이 성전에 계셨어요 5. 예수님이 세례를 받으셨어요 6. 예수님이 시험을 이기셨어요	1. 씨 뿌리는 농부 비유 2. 용서할 줄 모르는 종 비유 3. 선한 사마리아인 비유 4. 3가지 비유 5. 바리새인과 세리 비유 6. 악한 농부 비유	1. 마리아가 예수님께 향유를 부었어요 2. 예수님이 성전을 깨끗하게 하셨어요 3. 예수님이 제자들과 마지막 만찬을 하셨어요 4. 예수님이 잡혀가셨어요	1. 약속하신 성령님이 오셨어요 2. 걷지 못하는 사람이 걷게 되었어요 3. 스데반이 예수님을 전했어요 4. 에티오피아 관리가 예수님을 믿었어요 5. 베드로와 고넬료가 만났어요	1. 바울이 베드로의 행동을 나무랐어요 2. 교회가 나뉘었어요 3. 교회 안에 차별이 생겼어요 4. 서로 사랑하라 5. 교회 지도자들에게 권면했어요	1. 사람들이 바울을 막으려 했어요 2. 바울이 통치자들 앞에 섰어요 3. 바울이 로마에 가게 되었어요 4. 바울이 감옥에서도 하나님을 찬양했어요 5. 바울이 예수님에 관해 일깨워 주었어요
2단원 우리와 함께 계시는 하나님	**2단원** 기적을 행하신 예수님	**2단원** 구원자 예수님	**2단원** 보내시는 하나님	**2단원** 변화시키시는 하나님	**2단원** 소망을 주시는 하나님
7. 니고데모가 예수님을 찾아왔어요 8. 세례 요한이 예수님에 관해 말했어요 9. 예수님이 사마리아 여인을 만나셨어요 10. 예수님이 고향에서 거절당하셨어요 11. 예수님이 삭개오를 만나셨어요	7. 예수님이 물로 포도주를 만드셨어요 8. 예수님이 하늘의 떡을 주셨어요 9. 예수님이 물 위를 걸으셨어요	5. 예수님이 십자가에서 죽으셨어요 6. 예수님이 부활하셨어요 7. 예수님이 엠마오로 가는 제자들을 만나셨어요	6. 바울이 회개하고 세례를 받았어요 7. 바울의 첫 번째 전도 여행 8. 오직 그리스도 9. 바울의 두 번째 전도 여행 10. 바울이 아테네에서 복음을 전했어요 11. 바울의 세 번째 전도 여행	6. 우리는 하나님의 자녀예요 7. 마음을 새롭게 해 변화를 받아요 8. 성령의 열매를 맺어요 9. 하나님의 전신 갑주를 입어요 10. 기쁘게 주어요 11. 믿음의 사람들	6. 바울이 빌레몬에게 편지를 보냈어요 7. 바울이 소망을 전했어요 8. 유다가 믿음을 지키라고 말했어요 9. 베드로가 주님의 날을 기다리라고 했어요
	3단원 고치시는 예수님	**3단원** 부활하신 왕, 예수님			**3단원** 만물을 새롭게 하시는 하나님
	10. 예수님이 중풍 병자를 고치셨어요 11. 예수님이 귀신 들린 사람을 고치셨어요 12. 예수님이 여인을 고치시고 소녀를 살리셨어요 13. 예수님이 나사로를 살리셨어요	8. 예수님이 제자들에게 나타나셨어요 9. 예수님이 도마에게 나타나셨어요 10. 예수님이 베드로에게 나타나셨어요 11. 예수님이 지상 명령을 주셨어요 12. 예수님이 승천하셨어요 13. 예수님을 보내신 하나님을 찬양해요			10. 요한이 환상을 보았어요 11. 일곱 교회를 향해 경고하셨어요 12. 어린양께 경배해요 13. 마라나타! 예수님, 어서 오세요!

신약6 성경의 초점과 주제

1단원 하나님의 계획

Q 우리는 언제 예수님을 전해야 하나요?

A 언제나 어떤 상황에서도 예수님을 전해야 해요.

1. 사람들이 바울을 막으려 했지만 하나님은 바울이 예수님을 계속 전할 수 있도록 지켜 주셨어요.
2. 바울이 총독들과 왕 앞에서 예수님을 전했어요.
3. 하나님은 바울이 로마 황제 앞에 설 수 있도록 그를 지키셨어요.
4. 바울은 빌립보 성도들에게 고난 속에서도 기뻐하라고 말했어요.
5. 바울은 예수님이 누구보다도 그 무엇보다도 뛰어난 분이라고 말했어요.

2단원 소망을 주시는 하나님

Q 우리는 다시 오실 예수님을 기다리며 어떻게 살아야 하나요?

A 진리를 기억하고, 믿음을 더욱 굳게 하며, 복음을 전해야 해요.

7. 바울이 빌레몬에게 그의 종을 그리스도 안에서 형제로 여기며 용서하라고 부탁했어요.
8. 바울이 데살로니가 성도들에게 다시 오실 예수님을 생각하며 힘을 내라고 격려했어요.
9. 유다는 그리스도인들에게 거짓에 속지 말고 믿음 위에 굳게 서라고 말했어요.
10. 베드로는 예수님이 곧 다시 오실 것이기 때문에 예수님께 순종하며 다른 사람들에게 예수님을 전해야 한다고 말했어요.

3단원 만물을 새롭게 하시는 하나님

Q 예수님이 다시 오실 때 어떤 일이 일어나나요?

A 예수님이 모든 악을 없애고 모든 것을 새롭게 하실 거예요.

10. 예수님이 요한에게 환상으로 나타나 마지막 때에 관해 말씀하셨어요.
11. 예수님이 일곱 교회를 향해 믿음 안에서 굳게 서라고 말씀하셨어요.
12. 하늘과 땅의 모든 사람과 피조물이 예수님을 경배할 거예요.
13. 예수님이 다시 오셔서 모든 악을 없애고 모든 것을 새롭게 하실 거예요.